Tina Rohowski

Das Private in der Politik

VS RESEARCH

Tina Rohowski

Das Private in der Politik

Politiker-Homestories in der
deutschen Unterhaltungspresse

VS RESEARCH

Bibliografische Information der Deutschen Nationalbibliothek
Die Deutsche Nationalbibliothek verzeichnet diese Publikation in der
Deutschen Nationalbibliografie; detaillierte bibliografische Daten sind im Internet über
<http://dnb.d-nb.de> abrufbar.

1. Auflage 2009

Alle Rechte vorbehalten
© VS Verlag für Sozialwissenschaften | GWV Fachverlage GmbH, Wiesbaden 2009

Lektorat: Dorothee Koch / Britta Göhrisch-Radmacher

VS Verlag für Sozialwissenschaften ist Teil der Fachverlagsgruppe
Springer Science+Business Media.
www.vs-verlag.de

Umschlaggestaltung: KünkelLopka Medienentwicklung, Heidelberg
Gedruckt auf säurefreiem und chlorfrei gebleichtem Papier
Printed in Germany

ISBN 978-3-531-16865-4

Inhaltsverzeichnis

Abbildungs- und Tabellenverzeichnis

1 Einleitung: Das Private in der Politik – eine öffentliche Debatte

> Es käme in der Politik heute einem Selbstmord gleich zu sagen: „Mein Privatleben geht euch nichts an; was ihr kennen müsst, sind meine Überzeugungen und die Programme, die ich durchsetzen werde."
>
> (Richard Sennett)

Vieles deutet darauf hin, dass sich das öffentliche Bild, das wir von der Politik und ihren Protagonisten erhalten, im Laufe der bundesrepublikanischen Geschichte verändert hat – und weiter verändern wird: Immer neue mediale Formate präsentieren uns den politischen Betrieb in einem anderen Licht und seine Hauptfiguren in bisher ungekannten Rollen. Kanzlerkandidaten treten zum TV-Duell an; im Internet betreiben inzwischen selbst Lokalpolitiker eine eigene Homepage mit Fotoalbum, Podcast und Userforum. Das ZDF strahlt im Juni 2009 „Ich kann Kanzler!", eine Castingshow für Jungpolitiker, aus, für die sich 18- bis 35-Jährige mit einer Videobotschaft bewerben sollen (ZDF 2009).[1]

In den Diskussionen um eine gewandelte politische Kommunikation erhält ein Phänomen besondere Aufmerksamkeit: Wenn das Privatleben eines Politikers in der Presse dargestellt wird, sorgt das stets für kritische Stimmen aus anderen Redaktionen und Parteien. So prangern Medienvertreter den „grassierenden Exhibitionismus" (SZ 2001) an, der mit jedem weiteren Bericht einen neuen Höhepunkt erreiche. Ihren Kollegen werfen sie vor, „Schweinejour-

---

[1] Vorbild ist das kanadische Format *The Next Great Prime Minister*. Das ZDF wirbt unter dem Slogan "Politstars gesucht!" für die Sendung, die bezeichnenderweise von einem Moderator präsentiert wird, der aus dem Comedy-Fach bekannt ist. Ziel der Sendung sei, heißt es von den Sender-Verantwortlichen, „gegen Politikverdrossenheit vorzugehen".

nalismus" (Hofmann 1997) zu betreiben; die Politik kritisieren sie dafür, sich medial wie eine „Sparte in der Unterhaltungsindustrie" (ebd.) darzustellen. Die Parteienvertreter hingegen sehen die Schuld vor allem beim Journalismus: Dieser müsse, klagte etwa Wolfgang Schäuble in einem Interview, „mit der Durchleuchtung von Persönlichkeiten behutsamer umgehen", da sich andernfalls „inquisitorische Züge" entwickelten (Prantl/ Schäuble 2008). Doch auch anderen Politikern empfahl Schäuble, ihr Privatleben nicht öffentlich zu machen: „Vertrauen gewinnen wir nicht durch die Befriedigung der Neugier nach immer neuen Details aus der Privatsphäre. Vertrauen gewinnen wir durch hinreichende Seriosität" (ebd.).

Nur scheinen all die Mahnrufe nicht zu wirken. So lautet zumindest eine weitere gängige Diagnose. Fast jede öffentliche Äußerung zum Thema nimmt nämlich an, dass das Privatleben von Politikern immer häufiger und tabuloser in den Medien präsent ist. „Der Politiker des Jahres 2007", urteilt beispielsweise die *Zeit*, das sei „der Politiker als Mensch" (Hildebrandt 2007, S.2) gewesen, so sehr habe das Private die öffentlichen Debatten bestimmt. „Noch in der jüngsten Vergangenheit galt zwischen Medien und Mächtigen das Privatleben als Tabu" (von Becker 2007), heißt es andernorts über den vorgeblich neuen Trend.

Auch die Wissenschaft stimmt in das Lamento ein. Sie geht einerseits von einer zunehmenden „Inszenierung des Privatlebens" durch die Politiker aus und spricht andererseits von „Dammbrüchen" in den Redaktionen, die „journalistische Tabus" sowie „Stillhalteabkommen" (Holtz-Bacha 2001, S.21-26) beseitigt hätten. Allerdings übernimmt die Kommunikationsforschung damit, wie nachfolgend noch gezeigt wird, recht ungeprüft die Befunde und Argumente der öffentlichen Diskussion. Was fehlt, das sind die umfangreichen Analysen solcher Medienangebote und damit empirische Daten, die die These von einer zunehmenden Präsenz des Privaten stützen. Ferner liegen bisher nur wenige Erkenntnisse darüber vor, *wie* sich die Politik in diesem Umfeld präsentiert.

Diese Lücke soll die vorliegende Studie – zumindest teilweise – schließen. Sie wird sich der Frage annehmen, wie sich so genannte Homestories, die in den deutschen Publikumszeitschriften *Stern* und *Bunte* über das Privatleben von

Politikern berichteten, im Laufe der letzten Jahrzehnte ab 1948 verändert haben und ob es zu einer Zunahme solcher Inhalte gekommen ist.

Im ersten Kapitel soll es zunächst darum gehen, welche Annahmen sich in der Kommunikationswissenschaft über das Verhältnis von Politik und Massenmedien herausgebildet haben. Danach ist im zweiten Kapitel eine nähere Einordnung des Phänomens „Privatisierung" zu leisten. Dieser Teil wird mögliche Funktionen, Gefahren sowie den zeithistorischen Hintergrund des postulierten Wandels beschreiben. Ferner stellt die vorliegende Arbeit hier Studien zum Forschungsgegenstand vor und weist auf Defizite in der wissenschaftlichen Literatur hin. Im Anschluss schildert das vierte Kapitel, wie die einzelnen Fragestellungen in dieser Arbeit operationalisiert wurden. Schließlich präsentiert das sechste Kapitel die Ergebnisse der vorliegenden Studie und interpretiert sie vor dem Hintergrund aller geschilderten Eigenheiten und Befürchtungen, die hinsichtlich eines Wandels der politischen Kommunikation in Medien, Wissenschaft und Politik kursieren.

2 Das Verhältnis von Massenmedien und Politik

2.1 Paradigmen zum Verhältnis von Massenmedien und Politik

In der Publizistikwissenschaft haben sich vier Ansätze herausgebildet, die das Verhältnis von Politik und ihrer massenmedialen Vermittlung beschreiben (vgl. Katschura 2005, S.7-10). Diese vier Paradigmen werden von den Fragen geleitet: Welche Interessen verbinden Politik und Massenmedien, und wer instrumentalisiert dabei wen? Welches System befindet sich folglich in wessen Abhängigkeit? Das *Gewaltenteilungsparadigma* sieht Politik und Massenmedien als voneinander unabhängige Teilsysteme der modernen Gesellschaft. Heute seien, heißt es, die Fragen öffentlichen Interesses fast nur noch massenmedial verhandelbar, da der Großteil des Publikums seine politischen Informationen aus den Medien beziehe. Diese unterrichten im Idealfall die Bürger über alle Prozesse, die jeder kennen sollte, um sich einen politischen Willen herauszubilden. Den Medien komme zudem die Funktion einer „Vierten Gewalt" zu, die nicht nur für die Vermittlung, sondern auch für Kontrolle und Kritik der Politik zuständig ist. Ferner übernehme das Teilsystem Medien auch Leistungen für das Teilsystem Politik, indem es die politischen Akteure über die gesellschaftliche Realität und die öffentliche Meinung informiert und so Grundlagen für politische Entscheidungen liefert (vgl. Gerhards/ Neidhardt 1993, S.55-67; vgl. Olhausen 2005, S.19f.). Insgesamt jedoch befinden sich Massenmedien und Politik, dem Paradigma der Gewaltenteilung zufolge, in einem „distanzierten Verhältnis" (Katschura 2005, S.8).

Das *Instrumentalisierungsparadigma* geht dagegen von einer Übermacht der Politik aus. Sie nutze die Massenmedien für ihre Zwecke und versuche, über kommunikationspolitische Eingriffe die Autonomie der Medien einzugrenzen: Über eine „generalstabsmäßig geplante Instrumentalisierung" und die „Optimalisierung politischer Selbstdarstellung" (Kamps 2002, S.103) wolle man eigene Botschaften durchsetzen. Politische Akteure begnügten sich demnach „nicht mehr mit einer passiven Rolle des politisch Tätigen", die es den Journalisten überlasse, Inhalte oder Personen der potentiellen Wählerschaft nahe zu bringen. Stattdessen greife nun die Politik „nach der Definitionsmacht im Stimmengewirr" (ebd., S.104).

Ein Machtverhältnis mit umgekehrten Vorzeichen beschreibt wiederum das *Dependenzparadigma*. Es konstatiert eine Machtverschiebung von der Parteien- zur Mediendemokratie, die es den Massenmedien ermögliche, die Politik zu unterwerfen und ihrerseits zu instrumentalisieren. Diese Dominanz der Massenmedien wird auch als „Mediatisierung", „Medialisierung" oder „Kolonialisierung der Politik" diskutiert (vgl. Meyer 2001; Macho 1998). Demnach geben die Massenmedien die Regeln für jede Form öffentlicher Darstellung vor: Was oder wer wird thematisiert? Unter welchen Bedingungen wird mediale Aufmerksamkeit zugewendet? Für die Politik gelten somit Medienzwänge – seien es technische Notwendigkeiten, dramaturgische Kniffe oder Anforderungen an das Äußerliche. Politiker befänden sich, so die weit verbreitete Klage unter Vertretern verschiedener Parteien, „in den Fesseln der Mediengesellschaft" (Hoffmann-Riem 2000). Journalisten berichten „nicht mehr über das Geschehene", sondern entscheiden selbst, „was, wann, wie geschehen ist", urteilt etwa der ehemalige SPD-Bundesgeschäftsführer und Kampagnenleiter Matthias Machnig (2002, S.148). Die Politik könne auf all das nur reagieren und betreibe Medienarbeit als eine Art Notwehr.

Der vierte Ansatz spricht von einer gegenseitigen Abhängigkeit, die zwischen Medien und Politik bestehe. Dieses *Interdependenzparadigma* sieht in dem Verhältnis eine „Tauschbeziehung" oder gar eine „Symbiose" (Katschura 2005, S.10). Journalisten wollen Informationen, Bilder, Zitatschnipsel – kurz: publikumswirksame Inhalte – von den Politikern. Die politischen Akteure lassen sich leiten von ihrem Wunsch nach Publizität, von der Aussicht darauf, ein grosses Publikum zu erreichen und womöglich zu überzeugen. Dementsprechend könne bei Medien und Politik eine „beidseitige Anpassungsbereitschaft" beobachtet werden (ebd.). Solch ein Drang zur Kooperation, fügen Verfechter der Interdependenz an, muss als steter Prozess begriffen werden. Dieser Prozess habe in den vergangenen Jahrzehnten gleich mehrere Trends in der politischen Kommunikation hervorgebracht. Sie sollen im nächsten Kapitel beschrieben werden. Besondere Aufmerksamkeit gilt dabei der Präsentation des Privatlebens und damit auch der Gattung Homestory, da sie *das* Trendformat für zur Darstellung persönlicher Lebensbereiche angesehen werden kann.

2.2 Trends der politischen Kommunikation in Deutschland

Dass sich die bundesrepublikanische Polit-PR und der politische Journalismus hierzulande in den vergangenen Jahrzehnten verändert haben, ist eine These, die Medien, Wissenschaft und Politik inzwischen als Allgemeingut handeln. Diese Annahme hat bislang eine Vielzahl von modischen Begriffen, Mutmaßungen und teils wehmütigen Klagen hervorgebracht. Dem gegenüber blieben die empirischen Forschungsergebnisse, die die vorliegende Arbeit später noch vorstellen wird, eher spärlich.

Als übergeordnete Entwicklung und damit ‚Großtrend' in der Politkommunikation gilt der wissenschaftlichen Diskussion meist eine *Amerikanisierung* oder *Modernisierung*. Beide Begriffe fassen jeweils sehr ähnliche Beobachtungen zusammen. Bei der postulierten „Amerikanisierung" steht dabei die These im Mittelpunkt, der Wandel gehe vom US-amerikanischen Medien- und Politiksystem aus und habe sich mit zeitlicher Verzögerung auf Deutschland übertragen (vgl. Wagner 2005, S.19-25; Oberreuter 2002).[2] Die Verfechter eine „Modernisierung" sprechen dagegen von einem Wandel, der allen westlichen

---

[2] Als „Lehrbeispiele professionalisierter Kampagnenorganisation, die sich die Medien bestmöglich zunutze macht", gelten dabei die Wahlkämpfe Bill Clintons. Bei ihm seien zudem „in drastischer Weise (...) der Weltöffentlichkeit Details aus Privat- und Intimsphäre" vorgeführt worden (vgl. Holtz-Bacha 2001, S.1).

Industriestaaten qua ihrer Verfasstheit, ihrer Gesellschaftsstrukturen und ihres politischen Systems innewohne und sich – ohne einem Vorbild nachzueifern – international fortsetze (vgl. Kamps 2002, S.104; Münkel 2005, S.13).

Einige der Merkmale, die beiden Schlagwörtern zugeordnet werden, beziehen sich allein auf die Wahlkampfkommunikation. Beispielsweise wird von davon ausgegangen, dass sich solche Kampagnen in den Medien als „horse race" präsentieren – als ein auf zwei Personen zugeschnittenes Umfrageduell und öffentlichkeitswirksames Kopf-an-Kopf-Rennen. Ebenso habe sich durchgesetzt, die Kampagne als Angriffswahlkampf zu führen, der auf die Diskreditierung des Gegners zielt. Da sich „negative campaigning" auf die Schwächen des Kontrahenten konzentriert, gehe diese Methode meist zu Lasten der Sachthemen. An ihre Stelle trete ein zielgerichtetes Ereignis- und Themenmanagement, bei dem „Pseudoereignisse die Wahlkampfzeit strukturieren" (Oberreuter 2002, 132f.). Darüber hinaus werde die Kampagnenführung ausgelagert und an externe Marketingberater und -agenturen vergeben, die ihre Politkommunikation an den „erprobten Mustern von Werbekampagnen" (ebd.) orientieren und sämtliche Wahlaussagen, Symbole und Personen mit demoskopischen Methoden an einzelnen Zielgruppen testen.

Andere Merkmale „amerikanisierter" oder „modernisierter" Politik nehmen hingegen die gesamte mediale Präsentation in den Blick, die sich auch außerhalb der Wahlkampfzeiten verändert bzw. die politische Öffentlichkeit in einen Dauerwahlkampf gestürzt habe. Politik findet, so lautet eine der Thesen, zunehmend auf dem Boulevard statt und wird „mit den Mitteln der globalisierten Entertainmentindustrie" inszeniert (Renger 2002, S.223). Es habe sich das „Primat der Unterhaltung über die Politik" (ebd., S.225) durchgesetzt. Politik präsentiere sich dabei in medialen Umfeldern und Formaten, die traditionell als Orte der unpolitischen, leichten Unterhaltung galten, also in Tabloids, illustrierten Magazinen, TV-Talks und sonstigen Showformaten. Solche Gattungen setzten vorrangig auf die Macht der Bilder und bewirkten daher, so eine daraus abgeleitete Vermutung, dass Politikberichte zunehmend durch ihre Visualisierungselemente (vgl. Schicha/ Brosda 2002, S.7) geprägt seien. Zudem bedienten sich politische Akteure in der öffentlichen Darstellung vermehrt den Erzeugnissen der Populärkultur; beispielsweise sei heute kaum noch ein Parteitag denkbar, der auf Videoclips oder Popsongs verzichtet (vgl. ebd., S.20).

Mit den bisher genannten Trends verbunden ist eine Personalisierung der politischen Kommunikation. Sie stellt, ganz allgemein gesprochen, Menschen ins Zentrum der Berichterstattung (vgl. Katschura 2005, S.34). Sich stärker auf Personen als auf Institutionen oder Sachfragen zu konzentrieren, sei zwar „eine Konstante medialer Selektions- und Präsentationsroutinen", jedoch habe dieses Phänomen in der jüngeren Vergangenheit stark zugenommen (ebd., S.165). Dahinter stehe, von Seiten der Journalisten wie der Politiker, häufig die Strategie, „komplexe politische Sachverhalte für die öffentliche Vermittlung in der Person eines Politikers zu verdichten und durch dessen Image zu transportieren" (Brosda 2002, S.215).

Als Beispiele für Entertainisierung und zugleich Personalisierung der Politik-Präsentation gelten dabei etwa Gerhard Schröders Gastrolle in der RTL-Serie „Gute Zeiten, Schlechte Zeiten" 1998 oder sein Auftritt in der Unterhaltungssendung „Wetten, dass ..." im Jahr 1999. Ebenfalls vielfach als Formen personen- und unterhaltungsorientierter Polit-PR kommentiert wurden die Mitwirkungen von Guido Westerwelle, Jürgen W. Möllemann oder Rezzo Schlauch im Reality-Format „Big Brother", die zudem als „politischer Stilbruch" in die Kritik gerieten (Schatz et al. 2002; vgl. Kamps 2001; vgl. Kamps 2002).

Personalisierung geschehe, argumentiert Kathrin Katschura in ihrer Untersuchung über Politikerauftritte in Talkshows, allerdings auf zwei verschiedene Weisen: Sie könne zum einen den Politiker in rollennahen Zusammenhängen zeigen. Der jeweilige Akteur werde dann in einem Umfeld präsentiert und mit Fragen konfrontiert, die seinem Beruf, seiner öffentlichen Rolle, seiner professionellen Kompetenz entsprechen. Beispielsweise sei das der Fall, wenn ein Politiker als *der* Unterstützer einer bestimmten Gesetzesinitiative oder als *der* herausragende Vertreter eines Parteiflügels auftritt. Zwar würde dann, da dies der Personalisierung innewohnt, ein politischer Sachverhalt vereinfacht, auf eine Person zugespitzt und von ihr öffentlichkeitswirksam besetzt. Doch käme es nicht zur „Entberuflichung" des Politikers (Katschura 2005, S.36f.; Döveling/ Hoffmann 2007).

Anders verhält es sich, wenn personalisierte Berichte ausgerichtet sind auf eine rollenferne Darstellung des Politikers, der dann nicht mehr als Mandatsträger auftritt, sondern als Privatperson (vgl. Katschura 2005, S.165). Im Mittelpunkt stehen hierbei etwa die Familie oder die Hobbies der Akteure: Sie posieren gemeinsam mit dem Ehepartner auf Wahlplakaten oder Veranstaltungsbühnen, erzählen biographische Anekdoten in Talkshows oder gewähren Reportern und dem Publikum einen „Blick durchs Schlüsselloch". Als typische – und vieldiskutierte – Gattung, die solche Einblicke gewährt, gilt die Homestory als Reportage im Fernsehen oder in Printmedien (vgl. Jarren 2001, S.16).

Diese unter dem Begriff *Privatisierung*[3] subsumierte Strategie ist jedoch in analytischen Betrachtungen bisher unscharf geblieben, genauso wie andere kommunikative Trends und Schlagwörter, etwa Emotionalisierung oder Hybridisierung, die in der Literatur im Hinblick auf solche Phänomene Verwendung finden. In der vorliegenden Arbeit wird vorgeschlagen, *Privatisierung* zugleich als Teil von Entertainisierung und als Teil der Personalisierung zu fassen (vgl. auch Vogt 2002, S.140). Als gemeinsames Merkmal mit der Entertainisierung ist anzuführen, dass „privatistische"[4] Politikberichte vor allem in Boulevardmedien und Showsendungen stattfinden und somit als Politik im Unterhaltungsformat gelten. Außerdem zielen beide Formen der Politikdarstellung auf die emotionale Ansprache ihres Publikums. Ferner verbreiten die privaten Einblicke, da sie sich auf Einzelakteure konzentrieren, personalisierte Inhalte – obgleich dabei eine Seite des Politikers, nämlich seine professionelle Kompetenz und sein berufliches Agieren, weitgehend ausgeblendet werden.

---

[3] Dieser Begriff wird, nicht nur in der Kommunikationswissenschaft, für eine Vielzahl von Prozessen verwendet, meint aber in der vorliegenden Arbeit ausschließlich die zunehmende Präsentation des Privatlebens der Politiker in der Öffentlichkeit.

[4] Diesen – wohl neukreierten – Begriff verwendet Christina Holtz-Bacha in ihren Studien, um solche Berichte über politische Akteure zu kennzeichnen, in denen das Private, nicht das Politische überwiegt. Dort erfahre „das Image keine Rückbindung an ein Programm", weil es nur noch um das „Personenvertrauen" gehe, bei dem Charakterzüge und das Buhlen um Sympathien für die private Lebensgestaltung im Vordergrund stehen (vgl. Holtz-Bacha 2000, S.165f.)

Einen Überblick über das Phänomen *Privatisierung der Politberichterstattung* hat die Kommunikationswissenschaft, wie erwähnt, noch nicht vorgelegt. Vielmehr gilt das Interesse zumeist Einzelbeispielen. Aus den verstreuten Hinweisen soll im nachfolgenden Kapitel eine erste Übersicht erarbeitet werden. Sie stellt dar, wie die Thematisierung des Privatlebens durch Medien und Politik zeithistorisch eingeordnet wird und welche Ursprünge oder Zäsuren innerhalb dieses Prozesses angenommen werden. Zudem ist zu ermitteln, welche Funktionen eine Privatisierung der politischen Kommunikation erfüllen kann und welche Gefahren sich daraus möglicherweise für die Meinungsbildung und das politische System ergeben.

3 Das Private in der politischen Kommunikation

3.1 Privatisierung als zeithistorisches Phänomen

Die Frage, wann sich in Deutschland die Berichterstattung über das Privatleben von Politikern geradezu als „neue Selbstverständlichkeit" (Kamps 2002, S.107) durchsetzte, wird in der Literatur höchst unterschiedlich beantwortet. Schon auf das Ende der 1950er Jahre datieren Christina Holtz-Bacha und Liesbet van Zoonen (2000) einen medialen Wandel, mit dem die Person des Politikers stärker ins Zentrum der Berichterstattung gerückt sei. In dieser Phase habe die Fernsehnutzung in der Bundesrepublik erheblich zugenommen. Dadurch kam es zu einer stärkeren Visualisierung der Politischen. Politik musste, so die Argumentation, somit vermehrt auf Menschen und Symbole setzen, um medial noch wahrgenommen zu werden. Als Zäsur sei gleichfalls zu werten, dass im Bundestagswahlkampf 1957 die Parteien erstmals das Fernsehen für ihre Kampagnen nutzen. Zugleich lasse sich demoskopischen Untersuchungen dieser Phase entnommen, dass Wähler sich in zunehmendem Maße für die persönlichen Qualitäten von Politikern interessierten – ein Umstand, auf den Medien und Politik mit wiederum verstärkter Personalisierung und Privatisierung der Berichterstattung reagierten (ebd., S.46).

Daniela Münkel (2005), die das Verhältnis von Politik und Massenmedien von den 1950er bis in die 1970er Jahre anhand von Archivmaterialien der Parteien, Privatkorrespondenzen und auch einzelner Medienberichte untersucht hat, kommt dagegen in ihrer Studie zu dem Schluss, eine „erste Zäsur" müsse aufgrund der sich stetig modernisierenden Gesellschaft, der Auflösung traditioneller Milieus und der Pluralisierung des Mediensystems in den 1960er Jahren angesetzt werden (vgl. S.10-16): Das Fernsehen sei zum neuen Leitmedium geworden; gleichzeitig habe das Pressewesen sich weiter ausdifferenziert. Die Mediennutzung in der Bevölkerung habe erheblich zugenommen und die Nachfrage nach unterhaltenden Inhalten sei gestiegen.

Willy Brandt schließlich, der ab 1969 eine sozialliberale Regierungskoalition anführte, müsse als „der erste moderne Medienkanzler der Bundesrepublik" gelten (ebd., S.10). Brandt habe sich, gemäß seinem Verständnis von einem modernen Politiker, in einer Form inszeniert, die „die vermeintliche Trennlinie von öffentlich und privat überschreitet" und „den Politiker als Privatmann, als Menschen ‚wie du und ich' zeigen sollte" (ebd., S.58). Zwar hätte auch Konrad Adenauer in den Jahren seiner Kanzlerschaft von 1949 bis 1963 Einblicke in sein Privatleben gewährt und beispielsweise Fotoberichten über seinen alljährlichen Familienurlaub in Italien zugestimmt, doch könne man diese Bilder „nicht mit der öffentlichen Inszenierung des Privatmannes Brandt (...) vergleichen" (ebd.). Denn was man aus dem Privatleben Adenauers sah, sei lediglich „integraler Bestandteil einer Gesamtinszenierung des Bundeskanzlers als Patriarch", als Landesvater gewesen. Auch hier sei er stets als „solider Politiker" und nicht als Privatperson aufgetreten (ebd.).

Indessen vertritt Peter Altmaier (1998) die These, in den 50er und 60er Jahren habe die Politik ihre Wählerschaft noch über „die traditionellen Formen politischer Massenkommunikation erreichen können" (S.49). Darunter versteht Altmaier Flugblätter und Informationsstände, Straßenkundgebungen und Saalveranstaltungen – also vor allem Versammlungsöffentlichkeiten und die kleine Encounter-Öffentlichkeit der persönlichen Begegnung (vgl. ebd., S.49f.). Altmaier geht, ebenso wie die Historiker Frank Bösch und Norbert Frei, von einem Wandel des Verhältnisses zwischen Medien und Politik aus, der sich in der Fernsehära des späten 20. Jahrhunderts vollzog (vgl. Bösch/ Frei 2006, S.9). Dieser Wandel habe zur „Etablierung neuer medialer Darstellungsformen" beigetragen, die besonders auf Personen und Emotionen zugeschnitten sind, etwa Portraits oder Talkshows (ebd., S.17). Seit der Einführung des Privatfernsehens ab 1984 sei die Unterhaltung zum dominanten Modus in den Medien geworden. Die

Konkurrenz unter den Journalisten, die nun stärker um Marktanteile, Quoten und Reichweiten kämpfen, habe zugenommen. Mithin konnte sich, abgeleitet aus den Wünschen des Publikums, ein „Unterhaltungsimperativ des Marktes" entwickeln (Dörner/ Vogt 2002, S.11).[5]

Auch Christina Holtz-Bacha und Liesbet van Zoonen (2000), die schon aus dem Aufstieg des Fernsehens in den 1950ern eine gewandelten Politjournalismus ableiteten, gehen von einem zweiten Schub in der Berichterstattung über Politiker als Privatmenschen aus, für den sie das erweiterte TV-Angebot ab den 1980er Jahren verantwortlich machen. Denn nun, so schreiben die Wissenschaftlerinnen, hätte der politische Journalismus vermehrt auf „Human-Interest-Stories" gesetzt, um sich am Markt zu behaupten (vgl. S.46). Doch nicht nur für die Medien sei der Start des dualen Rundfunksystems folgenreich gewesen; auch die Politik habe nun stärker den Unterhaltungsinteressen des Publikums, beispielsweise mit Anekdoten aus dem Privatleben, entsprechen müssen (Holtz-Bacha 2004, S.44).

Eine weitere These, die sich an der zeithistorischen Verortung der Privatisierung versucht, lautet indes: Das „Ende der Sachpolitik" – die endgültig emotionalisierte, visualisierte und mit Einblicken ins Private garnierte Ansprache – sei mit der „Berliner Republik" gekommen (Nieland 2000, S.323). Bis zum Regierungsumzug 1999 hätten sich gewisse „Diskretionsregeln" gehalten, schreibt auch Ludgera Vogt (2002) in ihrer Untersuchung über Chancen und Gefahren der Ausstellung des Privaten: „Das Privatleben der Bonner Politiker war, bis auf gelegentliche Gerüchte (...), weitgehend tabu" (S.141). In Berlin gestalte sich der Wettbewerb der Medien viel aggressiver, beispielsweise zeigten dies die Kämpfe auf dem hiesigen Zeitungsmarkt. Auch die Politiker präsentierten sich seit den späten 1990er Jahren freizügiger: Als „Life Style Politics" sei der neue Stil „zu einem konkreten Faktor im harten Wahlkampfgeschäft geworden" (ebd., S.142).

Als Protagonist dieses Wandels wird immer wieder Gerhard Schröder genannt. Schon im SPD-Wahlkampf 1998 sei das Maß, in dem „unpolitische Paro-

---

[5] Zur Einführung und Ausgestaltung des dualen Rundfunksystems aus kommunikationspolitischer Sicht vgl. Tonnemacher 2003, S.167-203.

len zum Instrumentarium" der Kampagne zählten, „bahnbrechend" und ohne Scheu vor jedweder Inszenierung gewesen (Wiebusch 2000, S.79). Dazu zähle, dass Politiker mehr als zuvor in Boulevardmedien wie *Gala, Bild, Bunte* oder entsprechenden Ressorts im *Stern* auftraten (vgl. Vogt 2002, S.139-145). Vor allem Schröder verkörpere einen neuen Politikertypus, der u.a. seine Scheidung öffentlich als „Rosenkrieg" inszeniert oder sich für ein für ein Gesellschaftsmagazin als Modell für italienische Anzugmode fotografieren lässt (Kamps 2002, S.102).

Zusätzlich zu allen Vermutungen über einzelne Zäsuren oder Akteure weist Christina Holtz-Bacha (2004) darauf hin, dass sich Politiker quasi zyklisch, nämlich regelmäßig während der Wahlkampfzeit, besonders gern als Privatpersonen präsentieren. Einerseits sei ihre Bereitschaft, solche Inhalte zu ‚liefern', dann grundsätzlich höher; andererseits thematisierten die Medien diese intimeren Seiten im Wahlkampf von sich aus häufiger (vgl. S.51).

Da solche Auftritte der Interdependenztheorie zufolge sowohl den Medien als auch den kooperationsbereiten Politikern nutzen müssten, soll im nachfolgenden Kapitel gefragt werden, welche Funktionen die Privatisierung für beide Seiten erfüllt.

3.2 Privatisierung als rationale Strategie

3.2.1 Prominenzgewinn

Aus Sicht der Politiker kann das Zurschaustellen privater Lebensbereiche durchaus als eine rationale Strategie bewertet werden. Möglichst bekannt zu sein, vom Wähler überhaupt wahrgenommen zu werden, muss für sie eines der obersten Ziele sein. Das lässt sich vorrangig durch Präsenz in den Massenmedien erreichen. In der Öffentlichkeit konkurrieren Politiker jedoch mit zahlreichen anderen gesellschaftlichen Kräften oder Einzelpersonen um das knappe Gut Aufmerksamkeit (vgl. Franck 1998). Der Status eines Akteurs funktioniert dabei als

Nachrichtenfaktor, nach dem die Medien auswählen, wem sie massenhafte Aufmerksamkeit zuteil werden lassen. Prominenz kann unter allen Faktoren, die letztlich gemeinsam den Nachrichtenwert einer Meldung bestimmen, sogar als einer der wichtigsten angesehen werden: Sie beeinflusst, wie Studien zur journalistischen Selektion zeigen, sowohl den Umfang als auch die Platzierung eines Berichts (vgl. Peters 1996, S.109). Wer einen hohen Status, also Prominenz, genießt, hat demnach aufgrund der Auswahlregeln der Massenmedien einen Vorteil. Überaus bekannten Akteuren werde „dann eine höhere Wichtigkeit zugesprochen" und angenommen, „dass die Nachricht vom Publikum beachtet wird" (Katschura 2005, S.16). Der prominente Politiker kann sich dank seines ‚celebrity status' also eher Gehör verschaffen als andere Mitbewerber um mediale Präsenz. Massenhafte Bekanntheit wird damit für einen Politiker zum persönlichen Kapital (vgl. Holtz-Bacha 2004, S.49; vgl. Holtz-Bacha 2001, S.23f.).

Kathrin Katschura (2005), die Politiker-Auftritte in „Personality-Talks" analysiert hat, kommt daher zu dem Schluss: Als „Elite des Öffentlichkeitssystems" bewegen sich Politiker immer häufiger in jenen Arenen, die gleichfalls Schauspieler, Sportler oder Spitzenmanager nutzen (S.3). Die politische Kommunikation folgt damit zusehends den „Gesetzen der werbe- und medientechnischen Erzeugung von Prominenz, den Methoden des Marketings oder des Starkults" (Nieland 2000, S.316).

Carsten Brosda (2002) weist zudem darauf hin, dass um einen in der Massenkommunikation dauerpräsenten Politiker eine Art „Mediencharisma" entstehen kann, das als „unabhängiges Machtreservoir" funktioniere (S.217). Zahlreiche Medienauftritte, vor allem in unterhaltenden und personalisierten Formaten, prägten das „Image als eigenständige Person" (ebd.). Die Popularität, die daraus möglicherweise erwächst, wird dann nicht der Partei, dem Parlament oder etwa einem Kabinett zugeschrieben. Sie bezieht sich auf die Person und bietet damit einen Machtfaktor und ein Druckmittel gegenüber der eigentlich repräsentierten Partei oder Institution. Sie ermöglicht, den persönlichen ‚Marktwert' im Sinne der eigenen Interessen zu gebrauchen und beispielsweise von der jeweiligen Parteilinie abweichende Meinungen zu vertreten (vgl. ebd.). Die ge-

wonnene Prominenz, so eine weitere These, erweise sich sogar als Vorteil in
traditionellen Arkanbereichen der Politik, also etwa in nicht-öffentlichen Aus-
schüssen oder Parteigremien. Denn selbst dort, ‚hinter den Kulissen' der Macht,
könne sich der prominente Politiker, als bekanntes Gesicht und vielbeachtete
Person, besser durchsetzen (vgl. Vogt 2002, S.143).

Dass sich mittlerweile auch Politiker dieser Zusammenhänge sehr bewusst
sind, könnte etwa abgeleitet werden aus einer Einschätzung des SPD-Politikers
Peter Glotz: „Die Leute gehen Abend für Abend mit Michael Douglas, Jack
Nicholson oder Brad Pitt um; also verlangen sie von Politikern eine vergleichba-
re Ausdünstung" (zitiert nach: Kamps 2001, S.77).[6]

Allerdings stehen Politiker, den Ergebnissen einer Studie von Jörg-Uwe
Nieland (2002) zufolge, der unterhaltenden Präsentation als ‚Politikstar' noch
skeptisch gegenüber: Nieland fragte Abgeordnete des Bundestages sowie des
Nordrhein-Westfälischen Landtages, wie weit sie gehen würden und welche
Medienformate sie nutzen würden, um sich massenhafte Aufmerksamkeit zu
sichern. Die Mehrheit der Befragten gab an, niemals in einer Daily Soap, einem
Spielfilm oder einer Spielshow mitwirken zu wollen.[7] Auftritte in Boule-
vardmagazinen befürwortete hingegen der Großteil der befragten Politiker (vgl.
S.170-178).

Für das Publikum scheint die Einordnung von Politikern in die Riege der
Showgrößen hingegen fast selbstverständlich: Wie Birgit Peters (1996) in einer
Befragung ermittelte, denken viele Bürger bei den Stichworten „Prominente"
und „Talkshow" vor allem an Politiker. Peters wollte in ihrer Studie klären, wer
von der breiten Öffentlichkeit als „nationale Prominenz" eingeschätzt wird. Sie
bat daher ihre Untersuchungsteilnehmer aus allen Altersgruppen, „eine Talkshow
mit prominenten Leuten" zu besetzen. Politiker gehörten schließlich zu den

---

[6] Ursprünglich erschienen in: Welt am Sonntag vom 12.9.1999 (Nr.37), S.3.
[7] Denkbar erscheint allerdings, dass die Antworten der Politiker zu einem guten Teil aus einer sozia-
len Erwünschtheit resultieren, derzufolge sich Mandatsträger eben nicht als berechnende oder auf-
merksamkeitssüchtige Showpolitiker präsentieren sollten, die für Auftritte in den Massenmedien alles
tun würden. Ob die Befragten ein konkretes Angebot tatsächlich ablehnen würden, ist aus der Studie
jedenfalls nicht abzuleiten.

meistgenannten Personen, die in dieser fiktiven TV-Show auftreten sollten – noch vor Schauspielern oder Sportlern (S.58, S.241).

Des Weiteren lassen Studien zur öffentlichen Wahrnehmung von Politikern vermuten, dass die mediale Präsenz eines Akteurs sich positiv darauf auswirkt, welche professionellen Fähigkeiten ihm zugeschrieben werden. Das Publikum beurteile, führt Christina Holtz-Bacha (2000) aus, einen Politiker anhand dreier Dimensionen: Es taxiere erstens die professionelle Kompetenz, also vor allem das Vermögen, Probleme zu lösen. Zweitens mache es sich sein Bild von den Charaktereigenschaften der Person, zum Beispiel von deren Integrität oder Glaubwürdigkeit. Als dritte Dimension trete schließlich die Bewertung des Auftretens, vorrangig der Telegenität, hinzu. Mittels einer Befragung konnte gezeigt werden: Wenn im Rahmen der dritten Komponente der Politiker als „Star" beurteilt wird, nehmen Wähler zugleich an, dieser habe im Vergleich mit anderen Akteuren eine größere Fähigkeit, Probleme zu lösen (vgl. S.164f.).

3.2.2 Vermenschlichung

Eine zweite Funktion der Privatisierung wirkt für politische Akteure im Grunde als Korrektiv zum erstgenannten Prominenzgewinn. Es geht hierbei um die Regulierung von Nähe und Distanz, von Normalität und Exzentrizität: Der ständig im Licht des öffentlichen Interesses stehende Politiker könnte schließlich als „über der Alltagswelt schwebender Machtmensch" erscheinen (Vogt 2002, S.142). Auf Wähler dürfte die Vermutung, man habe es mit einem weiteren Exemplar der „abgehobenen Politikerkaste" zu tun, indes abschreckend wirken. Um diesem Negativimage vorzubeugen, inszenierten sich Politiker mittels privater Einblicke als „Menschen wie du und ich" (Holtz-Bacha 2000, S.161) oder als „Sympathieträger (...), mit dem man gerne auch mal ein Bier trinken gehen würde" (Vogt 2002, S.142).

Die Präsentation ihres Konsum- und Lebensstils, ihrer Hobbies oder der Familie soll dabei solche Werte wie Bodenständigkeit, Normalität, Verlässlichkeit demonstrieren. Enthalten sei in dieser Strategie "the subliminal message that the candidate was like anybody else and did not expect any special treatment" (Holtz-Bacha 2004, S.49).

Politiker erhofften sich von solchen Auftritten überdies einen Bedeutungstransfer bestimmter Eigenschaften von der persönlichen Ebene auf die professionelle Eignung. Wer es zum Beispiel schaffe, sich als guter Familienvater zu präsentieren, könne damit rechnen, „ein Teil aller Familien, gewissermaßen ein Bruttonationalvater" zu werden (Macho 1998, S.113). Eine weitere gängige Schlussfolgerung lautet: Wessen persönliche Lebensführung „positive Rückschlüsse auf Verlässlichkeit, Verantwortungsbewusstsein, Moralität" zulasse, der vertrete die gleichen Werte auch in der Politik (Vogt 2002, S.143). Diese Vermutung wird ebenfalls von einschlägigen Publikumsbefragungen gestützt. So stimmten 2002 in einer Telefonumfrage 56 Prozent der Wahlberechtigten der Aussage zu: Wie sich die Politiker in ihrem Privatleben verhalten, das sage auch etwas über ihre Qualitäten im öffentlichen Amt aus (vgl. Holtz-Bacha 2004, S.52).

3.2.3 Wählerbindung

Rückläufige politische Interessen und Bindungen in der Bevölkerung sind der gesellschaftliche Hintergrund dafür, dass die Privatisierung den Politikern heute als geeignetes Mittel erscheint, Wähler an sich zu binden. Immer weniger Menschen werden aktive Mitglieder einer Partei oder engagieren sich in Gewerkschaften. Traditionelle Milieus lösen sich auf, demgegenüber steht eine steigende Zahl von Wechselwählern. Mittlerweile wird davon ausgegangen, dass sogar mehr als ein Drittel der Stimmberechtigten unpolitische Wechselwähler sind (vgl. Vogt 2002, S.140)[8] – wenn sie denn überhaupt einmal zur Wahl gehen.

---

[8] Immer noch aktuelle Diagnosen zur „Auszehrung" der Demokratie, zu daraus erwachsenden Gefahren sowie ebenfalls zu überzogenen Erwartungen an das Bürgerengagement liefert: Klein/ Schmalz-Bruns 1997. Eine Postdemokratie, in der die Bürger nur eine passive, politikskeptische und sogar apathische Masse bilden, beschreibt: Crouch 2008.

Als Konsequenz aus diesen Auf- und Abstiegsprozessen – gekennzeichnet als „weakening of binding ideologies and the rise of »life-style«" (Langer 2007, S.371) – ergibt sich eine neue Politikrezeption: Immer größere Teile der Stimmberechtigten konsumieren, wenn sie überhaupt erreicht werden, Politik nur noch wie andere Produkte auch. Da „Marken in den Arenen der Öffentlichkeit von Personen vertreten werden", positionieren sich Politiker mit dem Ziel der Stimmenmaximierung zusehends als eigene Marke (Behrent 2000, S.85). Politische Akteure können so das Publikum mit der Präsentation ihres privaten Lebensstils „in die schönen Life-Style-Welten der Markenartikel" einladen (ebd., S.82). Der Wähler soll sich dadurch, ähnlich wie ein Stammkunde, „treu und fest an ein bestimmtes Produkt binden" – was Parteiarbeit und Sachpolitik offensichtlich nicht mehr leisten können (ebd., S.85). Die politische Entscheidung wird damit nicht von sachlichen Argumenten geleitet, sondern ebenso wie andere Markenerzeugnisse auch als „Lifestyle-Option verkauft" (Vogt 2002, S.143).

Die Gruppe der Unpolitischen sucht zudem nicht gezielt und aktiv nach politischen Informationen in den Medien. Unter allen Angeboten wählt sie stattdessen am liebsten die unterhaltenden Formate (vgl. Holtz-Bacha 2000, S.164). Oft erscheint Politikern deshalb das Eintauchen in die Unterhaltungswelt als einzige Möglichkeit, mit diesen politikfernen Wählerschichten zumindest oberflächlich in Kontakt zu kommen und sie kurzfristig zu mobilisieren – mit einer „Politik, die eher en passent daherkommt" (ebd.). Wer junge Rezipienten ansprechen will, streue als Politiker zudem „populärkulturelle Verweise und ironische Brechungen" in seine Auftritte, um sich als möglichst nah am Lebensstil und der Alltagskommunikation der Jugendlichen zu präsentieren (Nieland 2000, S.307). Man könne, so fasste der FDP-Politiker Guido Westerwelle diese Strategie vor einigen Jahren für sich zusammen, dadurch die „Leute dort abholen, wo sie sind" (zitiert nach: Kamps 2001, S.76).

3.2.4 Vereinfachung, Ökonomisierung und Positivierung

Schließlich bleibt zu bedenken, dass komplexe, oft abstrakte politische Zusammenhänge für ein großes Publikum wenig attraktiv sind. Zu den „Vorteilen
(...), die den Massenmedien aus der Privatisierung des Politischen erwachsen"
gehöre daher ganz unbedingt der „größere Unterhaltungswert", argumentiert
etwa Ludgera Vogt (2002, S.143). Besonders hieran zeigten sich symbiotische
Relationen zwischen Massenmedien und Politik: Vergnügliches, Dramatisches,
Skandalöses oder Allzumenschliches hat auf dem Medienmarkt wesentlich bessere Absatzchancen. Wenn Medieninhalte, wie häufig beklagt, nur noch unter
ökonomischen Aspekten betrachtet werden, befinden sich mit der Privatisierung
beide Seiten, Medien und Politik, in der Gewinnzone: Denn „die beim Publikum
sich einstellende Langeweile" müssten letztlich alle „am meisten fürchten" (Vogt
2002, S.140). Medien könnten es sich nicht länger leisten, „Informationen aske-
tisch-trocken anzubieten". Politiker seien umgekehrt darauf angewiesen, in jenen
Medienformaten mit dem größten Publikum aufzutreten. Marktanteile und
Reichweiten können sie, einer Untersuchung von Tanjev Schultz (2002) zufolge,
dabei selbst steigern, indem sie private Informationen preisgeben: „Legt man die
Einschaltquoten zugrunde, gibt es für die menschelnde Unterhaltung mit Prominenten im allgemeinen und mit Politikern im besonderen eine große Nachfrage" (S.190).

Politikern wird überdies in zerstreuenden, vordergründig unpolitischen
Formaten eine größere Gestaltungsfreiheit für die eigene positive Inszenierung
gewährt. Häufig ergibt sich aufgrund des nicht vorhandenen journalistischen
Anspruchs der Produzenten daraus die „Möglichkeit zur ungefilterten Selbstdarstellung" (Holtz-Bacha 2000, S.160). Diese kostenlose Werbung werde gern
angenommen, weil sie teure TV-Spots, große Anzeigen oder aufwändige Wahl-
kampftouren ersetzt.

In den klassischen Informationsangeboten geht es dagegen um Sachthemen,
die für dort auftretende Politiker viel eher in kritischen Nachfragen enden. Einige
Politiker ziehen es daher vor, in unterhaltenden TV-Shows oder Boulevardblätter

mit persönlichen Anekdoten und ähnlichem im Mittelpunkt zu stehen. Denn dort können sie „viel für sich und ihr Image tun, ohne Positionen zu beziehen, die (...) nach der Wahl eingeklagt werden" (ebd., S.164). Dass sich solche Foren „kaum beeinflusst von journalistischen Auswahl- und Verarbeitungskriterien" (ebd., S.157) zeigen, bringt für die Politiker noch einen weiteren Vorteil: Oft sind ihre Auftritte in der Unterhaltung erheblich länger als die klassischen Berichte in TV-Nachrichten oder im Politikteil der Qualitätspresse. So haben sich etwa die O-Töne, mit denen Politiker im Fernsehen vertreten sind, in den vergangenen Jahrzehnten stark verkürzt. Während ihnen 1968 noch Zitate in einer Länge von durchschnittlich 48 Sekunden zugestanden wurden, waren es 1988 im Mittel nur noch zehn Sekunden. Der Trend setze sich bis heute fort (vgl. ebd., S.157-161).

Womöglich haben Politiker – und nicht nur sie – zudem schlichtweg Angst, dass die Weigerung, den Blick auf das Private freizugeben, negativ gedeutet werden könnte. Unter den ständig fordernden Augen der Öffentlichkeit entstehe, nimmt etwa Uwe Volkmann an, solch ein Druck auf die Akteure, dass sich jeder verdächtig macht, der keinen Einblick in seine persönlichsten Lebensbereiche gewährt. Die „Tyrannei der Publizität" habe, so Volkmann, „die Gesellschaft mittlerweile ziemlich flächendeckend erfasst und dazu geführt, dass die Berufung auf die Privatsphäre zunehmend wie die Schutzbehauptung von Leuten erscheint, die etwas zu verbergen haben" (Volkmann 2009, S.7).

3.3 Privatisierung als normatives Problem

Den Blick freizugeben auf das Privatleben der Politiker bietet offenbar sowohl für Medien als auch für Politiker einige Vorteile. Demokratietheoretisch hat das oft symbiotische Verhältnis zwischen diesen beiden Systemen zugleich seine dunklen Seiten, warnt ein Teil der Kommunikations- und Politikwissenschaft (z.B. Dörner/ Vogt 2002, S.14). Doch die Frage, ob die Privatisierung der politischen Öffentlichkeit tatsächlich eine gesellschaftliche Gefahr bedeutet, wird nicht einstimmig bejaht. Vielmehr haben sich zahlreiche Annahmen über den

Wert solcher Berichte entwickelt, die sich auf ganz verschiedene Argumentationsketten stützen.

Bedenklich erscheint einigen Autoren beispielsweise, dass die Selbstinszenierung nur einen bestimmten Politikertypus fördere: Die Ausbildung, Erfahrung oder Fachkompetenz der Akteure spielten nämlich im Kontext der Unterhaltungsmedien keine Rolle mehr. Solche Merkmal, fürchtet etwa Siegfried Frey (1999), müssten hinter ganz andere Kriterien zurücktreten. In der am Privaten orientierten Politikkommunikation gehe es nur noch um Äußerlichkeiten, um Attraktivität, um das beste Bild oder den sympathischsten Auftritt. Folglich könnten „selbst Nuancen im Aussehen oder in der Gestik" über politische Karrieren entscheiden (S.96). Ob jemand genügend persönliche Anekdoten parat hat und ein begnadeter Erzähler ist, werde wichtiger als die Frage, ob ein Politiker in der Lage ist, einen neuen Gesetzesentwurf zu beurteilen und kundig zu erklären (vgl. Vogt 2002, S.141). Es drohe die „Tyrannei des multimedialen, jovial-eloquenten Politikertypus" (Kamps 2001, S.76). Wer sich verweigere oder schlicht ein eher zurückhaltendes Gemüt besitze, erscheine angesichts der sonstigen Freizügigkeit „impersonal and cold (...), stiff and tense" (Holtz-Bacha/ van Zoonen 2000, S.55). Anzuzweifeln sei, ob das Publikum dann noch unterscheiden kann zwischen der „leichten Kost", die in boulevardesken Formaten geboten wird, und den „Leistungen, die sich auf politisches Handeln im engeren Sinne beziehen" (Schultz 2002, S.191). Und selbst wenn die Unterscheidung gelingt: Werden die Wähler beide Bereiche gesellschaftlich sinnvoll gewichten?

Doch nicht nur die Frage nach den vermeintlich wichtigen Fähigkeiten eines politischen Akteurs erfährt durch die Privatisierung eine Neubewertung. Vielmehr kann sie auch die Sicht auf notwendige politische Prozesse versperren: Wenn sich der neue Politikertypus, der sich als Privatmensch und als Showstar präsentiert, in den Medien viel besser Gehör verschaffen kann, dann kommt auch jenen Themen, die von diesen prominenten Politiker vertreten werden, eine ungleich höhere Aufmerksamkeit zu als anderen Sachverhalten. Die öffentliche Rolle der Politik ist dabei als „ein System zur Organisation von Aufmerksamkeiten" (Macho 1998, S.102) zu verstehen. Aus der Fixierung auf eine „Politprominenz" ergebe sich damit gleichfalls eine inhaltliche Reduktion. Denn nicht jedes Thema dürfte einen prominenten Sprecher finden, der es massenwirksam besetzt (vgl. Weller 1998, S.82). Vielleicht erreichen die wichtigsten Themen das Publikum somit gar nicht, wenn vorrangig die Prominenz des Akteurs in der Selektion entscheidet, nicht aber die Dringlichkeit des Problems oder dessen Tragweite: Bleibt uns also „vieles verborgen, was niemanden gefunden hat, der oder die es für den Marsch durch die Prüfinstanzen des Systems massenmedialer politischer Öffentlichkeit fit gemacht hätte" (ebd., S.83)? In Frage zu stellen sei dann auch, ob Massenmedien noch eine Kontroll- und Kritikfunktion übernehmen können. Immerhin steht Boulevardjournalismus seit jeher im Verdacht, eine Art Hofberichterstattung zu liefern und so einzig zu einer „Stabilisierung der existierenden Machtverhältnisse" (Renger 2002, S.226) beizutragen.

Allerdings lassen sich auch Gegenargumente anführen: Sie gehen davon aus, dass eine rein sach- und diskursorientierte Politik elitär oder sogar undemokratisch ist. Eine solche Debatte schrecke ab und baue extrem hohe Hürden für die politische Partizipation auf. Mit einer unterhaltungsorientierten Politik werde dagegen eine „Veranschaulichung und Verlebendigung der politischen Welt" erreicht, mit der letztlich eine „nicht gering zu schätzende Orientierungsleistung für das Publikum verbunden" sei (Dörner/ Vogt 2002, S.14). Nur mit einer Politik im Unterhaltungsformat könne bei breiten Wählerschichten jene erste Aufmerksamkeit geweckt werden, die für eine weitere Beschäftigung unabdingbar ist. Dafür werde das komplexe politische Geschehen „auf ein überschaubares, kognitiv wie emotional verarbeitbares Maß" reduziert (Brosda 2002, S.215). Der persönliche Eindruck, den Politiker dabei mithilfe privater Informationen vermitteln, gebe den Stimmberechtigten zusätzliche, leichter interpretierbare Kriterien für ihre Wahlentscheidung an die Hand (vgl. Katschura 2005, S.2). Wer die Steuerreform nicht versteht, orientiert sich dann bei der Stimmabgabe einfach an seinen Sympathien für einzelne Kandidaten.

Auf das Menschliche, Kurzweilige, Vergnügliche zugeschnittene Berichte führten ferner zu mehr Rotation in der Politik. In den klassischen Informationsmedien gewähre man Oppositionspolitikern, Neulingen und Quereinsteigern nur selten Zugang. Über den Sonderweg der Show- und Boulevardauftritte biete sich diesem Personenkreis, dem das hohe politische Amt fehlt, schneller die Möglichkeit, auf sich aufmerksam zu machen (vgl. Nieland 2002, S.167). Lange Märsche durch Institutionen und Parteigremien blieben ihnen damit erspart.

Befürworter einer forcierten Medienberichterstattung über das Privatleben verweisen zudem auf den Charakter der repräsentativen Demokratie: In ihr wählen die Bürger mit ihrer Stimme letztlich eben nicht Programme oder spezifische Inhalte in ein Parlament, sondern sie bestimmen Personen, von denen sie vertreten werden wollen. Wähler hätten daher „ein berechtigtes Interesse daran (...), zu erfahren, wer eigentlich der gewählte Mensch auch jenseits des professionellen Rollenhandelns ist" (Vogt 2002, S.143). Mithin sei es völlig legitim, dass die Wähler auch „die privaten Geheimnisse der Politiker kennen" möchten, da sie ihnen immerhin ihr politisches Schicksal anvertrauen sollen (Katschura 2005, S.3).

Überdies haben selbst Bundesgerichtshof und Bundesverfassungsgericht entschieden, dass das Publikum ein berechtigtes Interesse an Informationen aus dem Privatleben von Personen des öffentlichen Lebens und Personen der Zeitgeschichte haben kann. Als solche gelten auch Politiker. Die Gerichte wiesen darauf hin, dass diesen Personen auch im Privaten eine Leitbildfunktion zukomme und die Öffentlichkeit hier in bestimmten Fällen überprüfen könne, ob persönliches Verhalten und offizielle Funktion im Einklang stehen (vgl. von Becker 2007; Holtz-Bacha 2001, S.23). In jüngsten Entscheidungen wird Politikern sogar das Recht abgesprochen, Bilder verbieten zu lassen, die sie beispielsweise beim Einkaufen zeigen – denn selbst solche Aufnahmen seien, so die Richter, geeignet, „einen Vorgang von historisch-politischer Bedeutung" zu dokumentieren (BLZ 2008; vgl. BGH 2008).[9]

---

[9] Die SPD-Politikerin Heide Simonis hatte im Juni 2008 versucht, beim Bundesgerichtshof (BGH) ein Veröffentlichungsverbot für solche Bilder zu erreichen; zudem verlangte sie von der Bild-Zeitung Schadensersatzzahlungen. Gerda Müller, Senatsvorsitzende im BGH, begründete das Urteil wie folgt: „Wir sind der Auffassung, dass sich ein Politiker in einer solchen Situation auch unter Berufung auf sein Persönlichkeitsrecht nicht ohne weiteres der Berichterstattung entziehen kann" (BLZ 2008). Im Urteil selbst heißt es: „Für Personen des politischen Lebens ist ein gesteigertes Informationsinteresse des Publikums anzuerkennen" (BGH 2008).

Gegen die zunehmende Fixierung auf das Privatleben von Politikern und die so möglicherweise generierte Aufmerksamkeit auch unpolitischer Schichten wird jedoch angeführt, dass diese Strategie nur eine kurzfristige, rein emotionale Aktivierung der Wähler bewirken könne. Gleichzeitig wecke sie aber „falsche Vorstellungen von Politik, die sich langfristig gegen sie selbst richten" (Holtz-Bacha 2000, S.166). Denn „das Politische im Modus des Feel Good", das stets ein „Happy End" verspreche, schüre beim Publikum Erwartungen, mit denen schließlich politische Prozesse nicht mithalten können (Dörner/ Vogt 2002, S.15). Wenn Wähler ihre Stimmen in einem reinen „Personality-Wettbewerb" auf der Basis ihrer Geschmacksurteile über einzelne Akteure vergeben, dann sei so eine Wahl äußerst enttäuschungsanfällig. Mitunter könne das erst recht zu großer Politikverdrossenheit, zu Entfremdung oder sogar zu Wut und Protesten führen (vgl. ebd., S.18).

Auch für die Karrieren einzelner Politiker birgt die Präsentation ihres Privatlebens Gefahren. Beispielhaft lässt sich das am ‚Fall Scharping' nachvollziehen. 2001 lud der damalige Bundesverteidigungsminister Rudolf Scharping die *Bunte* in seinen Mallorca-Urlaub ein, während zeitgleich ein Auslandseinsatz deutscher Soldaten in Mazedonien bevorstand. Bei dem Besuch im Urlaubsdomizil entstand eine mehrseitige, reich bebilderte Homestory[10], die der Medienwissenschaftlerin Ludgera Vogt (2002) als Beleg dafür gilt, dass Politiker sich im Hinblick auf Medienlogik und Publikumsreaktionen gehörig verschätzen können.

Vogt analysierte sowohl den Artikel selbst als auch das Image des Protagonisten Scharping, die politische Situation im Sommer 2001 und das mediale Echo, das vor allem die opulente Bilderstrecke auslöste. Diese zeigte Scharping mit seiner Lebensgefährtin im Swimmingpool und bei ihren Urlaubsauflügen – „turtelnd und fröhlich, ja in kindlicher Ausgelassenheit" (Vogt 2002, S.144). Für

---

[10] Wie in der vorliegenden Untersuchung das Genre „Homestory" definiert wird, führt Kapitel 4.4.1 aus. Die Quellenangaben zu diesem Artikel über Scharping finden sich im Anhang in einer Liste von untersuchungsrelevanten *Bunte*-Homestories als Nr.88. Alle Homestories, die die vorliegende Studie untersucht, werden im Folgenden lediglich mit Pressetitel und einer selbst vergebenen Nummer angeführt. Angaben zum genauen Erscheinungstermin sowie Artikelüberschriften lassen sich dem Anhang zu dieser Arbeit entnehmen, der die verwendeten Presseberichte chronologisch aufführt.

diesen Auftritt habe der Minister „Spott und Häme" zuhauf einstecken müssen, wie Vogt nachzeichnet (ebd., S.145). Nicht nur Boulevardmedien, sondern auch die Qualitätspresse beschäftigten sich mit der misslungenen Image-Offensive. Scharpings Umfragewerte fielen deutlich; seine politischen Mitstreiter distanzierten sich, einige forderten sogar den Rücktritt des Ministers (vgl. S.145-147). Letztlich habe der Artikel als „freiwillige Selbstentehrung" für Scharping zu einem „völligen Gesichtsverlust als öffentliche Person" geführt (S.148). Rudolf Scharpings politische Karriere sei, so ein verbreitetes Urteil, nicht an mangelnder Sachkompetenz, sondern vorrangig aufgrund des ungeschickten und zu freizügigen Umgangs mit seinem Privatleben gescheitert (Kamps 2002, S.109).[11] Unter demokratietheoretischen Aspekten würde das erneut die Frage aufwerfen, anhand welcher Fähigkeiten ein Politiker bewertet werden sollte: Darf die Berichterstattung über das Privatleben über eine Karriere entscheiden, sie befördern oder zerstören?

3.4 Zwischenfazit aus der Literaturdiskussion

In der Zusammenschau lässt sich festhalten, dass es sich bei der Privatisierung der politischen Kommunikation um ein Phänomen handelt, dass in Medien, Politik und Wissenschaft eine umfangreiche Debatte ausgelöst hat. In der bislang vorgestellten Literatur kursieren zahlreiche Annahmen über die Ausstellung des Privatlebens. Wie das Publikum solche Inhalte bewertet, wurde dabei teils anhand empirischer Daten aus einschlägigen demoskopischen Studien nachgezeichnet. Auch für die Frage, wie Politiker den unterhaltenden Formate gegenüber stehen, konnte auf die Ergebnisse aus der Umfrageforschung verwiesen werden. Allerdings lässt sich nicht von der Hand weisen: Die Hauptthese – näm-

---

[11] Anzumerken bleibt allerdings, dass Rudolf Scharping letztlich wohl wegen mehrerer Faktoren im Sommer 2002 abtrat. Dazu zählen neben der erwähnten „Mallorca-Affäre" auch die Verbindung zum PR-Berater und Lobbyisten Moritz Hunzinger sowie ein Ansehensverlust Scharpings in Bundeswehrkreisen. Oft heißt es aber, Scharping sei durch seine Boulevard-Ausflüge schon „angeschlagen" gewesen, weshalb er sich nach weiteren Fehltritten und Vorwürfen nicht weiter im Amt halten konnte.

lich die Zunahme der privaten Einblicke – die hinter all diesen Diskussionen und Studien steht, bleibt empirisch eher vage. Denn der Blick auf die mutmaßlich gewandelten Medieninhalte fällt doch nur auf einige Einzelfälle, die dann verallgemeinert werden. Zumeist scheinen sich die für diesen Teil des Kommunikationsprozesses diskutierten Thesen eher aus einem „gefühlten Wissen" herzuleiten als aus einer hinreichenden Beweisführung mit den Mitteln der sozialwissenschaftlichen Kommunikationsforschung.

Geeignete Methoden für viele der aufgeworfenen Fragen wären vor allem umfänglichere Inhaltsanalysen bzw. Langzeitstudien zur politischen Kommunikation, die untersuchen müssten: Hat der Wandel hin zu einem Mehr an privater Präsentation tatsächlich stattgefunden? Welche Zäsuren lassen sich dabei feststellen? Wie präsentierten sich Politiker früher fernab ihrer offiziellen Rolle, wie zeigen sie sich heute? Welche Merkmale werden dabei besonders betont, welche Inhalte und Image-Komponenten wollen politische Akteure womöglich mittels solcher Auftritte transportieren?

Im Folgenden werden drei Studien vorgestellt, die sich diesen Fragen in quantitativen Inhaltsanalysen, teils sogar in Langzeitstudien, nähern. Daran schließt sich eine Zusammenfassung an, die auf bisherige Forschungsdefizite hinweisen wird.

3.5 Quantitative Inhaltsanalysen zum Forschungsgegenstand

3.5.1 Die britische Qualitätspresse

Personalisierung und – als Teil dessen – auch Privatisierung stehen im Mittelpunkt einer britischen Studie, die sich mit dem politischen Journalismus in den Jahren 1945 bis 1999 beschäftigt. Ana Inés Langer (2007) untersucht darin, wie sich die Berichterstattung über den britischen Premierminister in der traditionsreichen *The Times* in diesem Zeitraum entwickelte. Hintergrund sei, schreibt Langer, dass auch in Großbritannien spätestens seit den 1960er Jahren in der Öffentlichkeit beständig eine zunehmende Personalisierung beklagt werde (S.371f.).

Langer unterteilt das Phänomen Personalisierung in drei Faktoren: Erstens nimmt sie eine „Presidentialisation of Power" an, die vor allem die reine Sichtbarkeit des Premiers erhöhe und im Gegenzug die Aufmerksamkeit für die beteiligten Institutionen oder Parteien vermindere. Zweitens geht sie von einem „Leadership focus" in den untersuchten *Times*-Artikel aus: Die Berichte beschäftigten sich im Laufe der Zeit mehr und mehr mit jenen persönlichen Fähigkeiten und Charaktermerkmalen, die die Kompetenzen des jeweiligen Politikers darstellen. Langer unterscheidet hier „public qualities" und „private qualities" (S.378f.). Drittens schließlich nimmt Langer an, dass es zu einer „Politicisation of Private Persona" gekommen sei. Das öffentliche Bild des Premiers, das in den *Times*-Berichten zusammengesetzt wird, eröffne immer größere Einblicke in die Privatsphäre und porträtiere die Politiker „not as representative of an ideology, party, or as a statesman, but as ‚human beings'" (S.373). Dieser letzte Faktor und in Teilen auch der zuvor genannte „Leadership Focus" sind im Rahmen der vorliegenden Arbeit von vorrangiger Bedeutung.

Aus den 54 Jahrgängen der *Times* bezog Langer insgesamt 2.008 „news stories", die sich mit dem jeweiligen Premierminister beschäftigten, in ihre Untersuchung ein. Sie bildete zeithistorische Abschnitte, etwa eine „pre-TV-era" von 1945 bis 1959, und ermittelte beispielsweise, dass nach 1959 die Zahl der Bericht, die den Premierminister betrafen, stark anstieg und dass diese Berichte zudem ihrer Wörterzahl nach immer umfangreicher wurden (S.375-377). Ferner ergab ihre Auswertung, dass der Premierminister in der *Times* immer häufiger in nicht-politischen Zusammenhängen auftrat und stattdessen in Artikeln erwähnt wurde, die etwa Freizeitaktivitäten oder kulturelle Fragen behandelten. Dies deute auf eine verstärkte „Politicisation of Private Persona" hin, folgert Langer, denn: „By mentioning the Prime Minister in non-political context these kinds of articles provide a more fitting platform for the emergence of the 'human being'" (S.376). Als weiteres Ergebnis hält Langer fest, dass im Falle des "Leadership Focus" erst in den 1990er Jahren eine Hinwendung zum Privaten erkennbar ist.

Die Führungsqualitäten der Premierminister John Major und Tony Blair wurden auch mithilfe von Verweisen auf ihr Privatleben bewertet – eine Herangehensweise, die die *Times*-Journalisten auf keinen der vorhergehenden sechs Premierminister ab 1945 anwendeten (S.379f.).

Als Hauptproblem für die Auswertung zur „Politicisation of Private Persona" erwies sich für Langer, die Grenzen zwischen privatem und öffentlichem Rollenhandeln zu ziehen. Langer schlägt deshalb vor, jeden Artikel mittels eines festen Kataloges von Faktoren zu prüfen. Ob die Berichterstattung über die Privatsphäre im Laufe der Jahrzehnte zugenommen hat, ermittelte Langer also, indem sie das „Privatleben" in fünf Teilbereiche untergliederte: „family", „personal appearence", „upbringing", „religion" und „life-style", worunter sie zum Beispiel „hobbies", „likes/dislikes" oder „recreational activities" versteht (S.381). Zunächst codierte Langer jeden Artikel, der ein Thema aus diesem Katalog aufgriff, als einen Fall der „Politicisation of Private Persona". Allerdings konnte sie bei dieser Messung über die gewählte Zeitspanne hinweg nur einen sehr geringen Anstieg der Berichterstattung über das Privatleben feststellen, obgleich ihr in der Auswertungsarbeit die Behandlung des Privatlebens in den Artikeln im Laufe der Jahre immer ausführlicher erschien.

Langer folgerte daraus, dass eine solche Untersuchung die Intensität, mit der private Fragen behandelt werden, stärker berücksichtigen muss. Sie berechnete daher, wie viele der *Times*-Artikel alle fünf Dimensionen der Privatsphäre behandelten: Der Anteil dieser Berichte stieg von unter ein Prozent in der unmittelbaren Nachkriegszeit auf etwa acht Prozent während der Regierung Tony Blairs. Zwischen dem Jahrgang des veröffentlichten Artikels und dem prozentualen Anteil derart intimer Berichte scheint ein erheblicher linearer Zusammenhang zu bestehen: Langer ermittelte eine Korrelationsstärke von $r = 0,76$ (S.381f.). Ihre Studie sieht sie daher als einen deutlichen Hinweis auf „changes in the nature of coverage and in the role of the personal in political discourse" (S.383).

3.5.2 Die niederländische Boulevardpresse

Nicht mit einer traditionsreichen Tageszeitung, sondern mit den Inhalten verhältnismäßig junger Gesellschaftsmagazine beschäftigt sich eine Untersuchung aus den Niederlanden. Liesbet van Zoonen (1998) führt in ihrer Studie zur Privatisierung der Politik eine Inhaltsanalyse der Zeitschriften „Story", „Privé" und „Weekend" durch. Die Titel seien, wie van Zoonen schreibt, mit der deutschen „Gala" oder der britischen Illustrierten „Hello" vergleichbar und erscheinen allesamt seit den 1970er Jahren (S.48f.).

Aus der Zeitspanne von 1977 bis 1994 wertet ihre Untersuchung insgesamt 343 Artikel aus, in denen Politiker auftreten. Darunter finden sich Interviews und Reportagen ebenso wie Kurzberichte oder lange Titelgeschichten. Van Zoonen bezog aber nur Artikel mit ein, die rund um die nationalen Wahlen in den Niederlanden erschienen und in den neun Monaten vor oder in den drei Monaten nach einem Wahltermin gedruckt wurden.

Dass Politiker sich in solchen Illustrierten präsentieren, sieht van Zoonen als die unvermeidliche Folge einer Verschmelzung von Politik und Populärkultur: „It is likely that popular culture – and especially the genres that focus on personal lives, like gossip and celebrity journalism and talk shows – will gain even more relevance for political communication in the future" (ebd., S.50). Daher sei es Aufgabe der Kommunikationswissenschaft, genau solche Formate zu untersuchen und zu fragen, welche Botschaften sie enthalten könnten. Van Zoonens Hauptthese bezieht sich auf die Gender-Perspektive der Politikkommunikation: Die Klatschpresse stelle Politikerinnen anders dar als ihre männlichen Kollegen. Sie vermittle zudem bestimmte Moralvorstellungen und präsentiere Politikerinnen mithilfe anderer thematischer Strukturen. In ihrer Studie legt van Zoonen acht Themenbereiche fest, um ihre Hypothesen zu prüfen: „Family life", „Love affairs", „Appearence", „Scancal and conflict", „Anecdotes", „Spouses", „Death" und – als rollennahe Dimension – „Politics".

Als Ergebnis ihrer Studie aus dem Jahr 1998 hält van Zoonen fest, „that gossip magazines have opened up to female politicians in the last decade" (ebd.,

S.54). Bis zum Beginn der 1990er Jahre sei das Genre von männlichen Akteuren dominiert worden: Mehr als 80 Prozent der Artikel beschäftigten sich in dieser ersten Phase mit Politikern. Bis zur Mitte der 1990er Jahre sank dieser Anteil auf 50 Prozent (vgl. ebd.).

Die Vermutung, dass Frauen in der Politik anders dargestellt werden als Männer, bestätigte sich jedoch nur in Teilen: Inhalte aus den Bereichen „Family life", „Scandal and conflict" sowie „Anecdotes" sind in beiden Gruppen etwa gleich oft in den Artikeln anzutreffen. Jedoch werden die Themen „Love affairs" und „Appearence" in der Berichterstattung über Politikerinnen häufiger behandelt. In Artikeln mit männlichen Protagonisten geht es verstärkt auch um ihre Ehefrauen: Zehn Prozent der ausgewerteten Berichte widmeten sich diesem Themenbereich. In den Artikeln, die Politikerinnen betrafen, findet sich hingegen kein einziger Verweis auf den jeweiligen Ehepartner (vgl. S.55).

Hinsichtlich der vermittelten Wertvorstellungen ergibt sich in van Zoonens Studie ein deutlicher Unterschied zwischen der Berichterstattung über beide Geschlechter: In den Artikeln über Politikerinnen wird vermehrt gefragt, ob die Politik nicht das Familienleben der Protagonistin gefährde und ob dies nicht ein zu hoher Preis für eine politische Laufbahn sei. Im Gegensatz dazu vermitteln Berichte über männliche Akteure die Erwartung, dass die Familie auf die Karriere Rücksicht zu nehmen habe (vgl. S.56-60).

Allerdings hat van Zoonen ihre Inhaltsanalyse, auch wenn diese mehrere Jahrzehnte umfasst, nur für eine ihrer Untersuchungsfrage als Trendstudie angelegt: Wie häufig wurde in einzelnen Phasen über Frauen in der Politik berichtet? Für die Veränderungen, die das Aufgreifen bestimmter Themen betreffen, legt van Zoonen keine Zahlen vor. Unklar bleibt also, ob die „Gossip"-Magazine beispielsweise Ende der 1970er Jahre seltener über „Love affairs" der Politiker berichteten oder ob sie in den 1990er Jahren häufiger über das Familienleben der Akteure Auskunft gaben.

3.5.3 Deutsche und niederländische Talkshows

Mit der Frage, in welchen Rollen sich Politiker bei ihren Talkshow-Auftritten präsentieren, befasst sich eine deutsch-niederländische Studie. Christina Holtz-Bacha und Liesbet van Zoonen (2000) analysierten hierfür Talkshows aus dem Jahr 1998, als in beiden Ländern nationale Wahlen stattfanden. Ausgewertet wurden insgesamt acht Politiker-Auftritte aus den niederländischen Sendungen *Koffietijd* und *De Grote Vier* sowie zwölf Auftritte aus der deutschen *Harald-Schmidt-Show*[12]. Die Analyse sollte ermitteln, welche Sprechpositionen und welche Sprachmuster die Politiker im Unterhaltungsumfeld nutzten (vgl. S.48-50).

Holtz-Bacha und van Zoonen unterscheiden dabei zum einen zwei verschiedene Sprechpositionen: Politiker könnten eine „political position as candidate or party leader" einnehmen oder eine „personal position als parent oder spouse" nutzen. Entscheidend für die Sprechposition ist für Holtz-Bacha und van Zoonen also, ob eine rollenferne Position eingenommen wird und der Politiker sich als Privatmensch präsentiert oder ob er in der offiziellen Rolle bleibt (vgl. S.51f.). Darüber hinaus unterscheidet die Studie, ob Politiker sich einer „public language" oder einer „private language" bedienen. Für erstere sei kennzeichnend, dass Politiker vor allem von einem „Wir" ausgehen und damit zum Beispiel die eigene Partei oder Regierung meinen. Ferner sehen Holtz-Bacha und van Zoonen solche Wendungen wie „Man sollte ..." oder „Die Situation erfordert ..." als Merkmale einer öffentlichen, amtsbezogenen Sprache, die zudem fast wie ein verschriftlichter Stil klinge (vgl. S.52f.)

Aus der Kombination beider Faktoren, Sprechposition und Sprache, ergibt sich in der Studie, welche Form des Diskurses in den Auftritten der einzelnen

---

[12] Von einer quantitativen Untersuchung zu sprechen, ist daher nur zum Teil richtig: Zwar wurden wenige, ausgesuchte Merkmale systematisch mit Zahlenwerten belegt, doch liegt der Studie keine zahlenmäßig breite Basis zugrunde. Da aber die Autorinnen die wenigen Beiträge längst nicht detailliert, in ihrer ganzen Breite oder gar individuell analysieren, entsteht auch nicht die Tiefe, die für eine qualitative Studie typisch sein sollte. Insofern handelt es sich hier um eine schwer einzuordnende Mischform. Vgl. Brosius/Koschel 2005, S.19f. Zur „Qualitativ-quantitativ-Debatte" und der Schwierigkeit einer genauen Zuordnung: vgl. Früh 2007, S.67-74.

Talkshowgäste vorherrscht.[13] Vier Modi lassen sich unterscheiden: Im „political discourse" spricht der Politiker überwiegend aus einer offiziellen, also politischen Position und verwendet dafür eine öffentliche Sprache. Als eine Mischform gilt den Autorinnen dagegen der „pesonalised political discourse", der den Talkgast vorrangig aus einer politischen Position, aber unter Verwendung einer privaten Sprache agieren lässt. Eine zweite Mischform stellt der „objectified discourse" dar, bei dem ein Politiker zwar meist in einer öffentlichen Sprache spricht, sich dabei aber in eine persönlichere, private Sprechposition begibt. Die deutlichste Form des personalisierten und privatisierten Diskurses in einer Talkshow bezeichnen Holtz-Bacha und van Zoonen als „personal discourse", bei dem sowohl Sprechposition als auch Sprache des Politikers als mehrheitlich privat eingeordnet werden können (vgl. S.49).

Ziel der Untersuchung war es, für jeden Politikerauftritt anhand der beiden Faktoren aufzuschlüsseln, zu welchem Grad hier „personality" und nicht berufliche Funktion oder das Amt im Vordergrund stehen. Die Studie ermittelte dafür, wie viele Wörter die politischen Gäste in den Shows aus den verschiedenen Sprechposition und mithilfe welcher Sprache äußerten. Für die untersuchten deutschen Sendungen lässt sich festhalten, dass die Politiker überwiegend, nämlich in 70 Prozent der Fälle, einen „political discourse" führten, also aus einer politischen Position argumentierten und eine öffentliche Sprache verwendeten. Für die niederländischen Talkshows hingegen ist das Bild weniger einheitlich. Die acht Politiker, die hier auftraten, verwendeten alle in sehr unterschiedlichem Maße eine private Sprache oder Sprechposition: Die Hälfte der Auftritte bewegte sich überwiegend in einem sehr persönlichen Diskurs mit privater Sprache und personalisierter Position. Die anderen vier Politiker sprachen zumeist aus einer politischen Position und tendierten deutlich stärker zur „public language". Die Autorinnen urteilen, dass es stark von der Persönlichkeit des Politikers sowie

---

[13] Aus beiden Größen wurde für jeden Politikerauftritt ein Wertepaar gebildet, das in einem Koordinatensystem mit vier Quadranten abgetragen wurde. Die x-Achse gibt dabei einen Werteraum für die Sprechposition vor, wobei x_{min} für eine 100-prozentig persönliche Sprechposition, x_{max} für eine 100-prozentig politische Sprechposition und $x=0$ für eine ausgeglichene Verwendung beider Positionen steht. Im gleichen Verfahren wurden für die Sprache der Politiker y-Werte ermittelt.

von der Art der TV-Sendung abhänge, welche Diskursform letztlich dominiert und wie privat sich ein politischer Akteur präsentiert (vgl. S.53f.).

Da sich die vorgestellte Untersuchung allein auf das Wahljahr 1998 bezieht, lassen die Ergebnisse kein Urteil über einen möglichen Wandel der politischen Kommunikation zu. Vielmehr handelt es sich bei der Analyse um eine Momentaufnahme. Fraglich bleibt zudem, ob für solche Studien die Unterscheidung von Sprechposition und Sprache wirklich sinnvoll ist. Eine Trennung scheint hier kaum möglich. Ein Politiker, der etwa über seine Erfahrungen als Familienvater spricht, wird dies fast zwingend mittels einer privaten Sprache tun und nicht mit dem „Wir" des Parteivorsitzenden. Ob damit für den einzelnen Politikerauftritt tatsächlich ein valides Maß für den Grad der Privatheit gewonnen wird, ist zumindest anzuzweifeln.

3.6 Zusammenfassung der Forschungsdefizite

Die britische Studie von Ana Inés Langer zur Berichterstattung in der *Times* ist sicher als umfangreichste bisher vorliegende Untersuchung zu werten, die Aufschluss über die Privatisierungsthese geben kann. Langer kommt zu dem Ergebnis, dass die Zeitung zwischen 1945 und 1999 immer häufiger über die Privatsphäre der Politiker berichtete. Solch eine Studie wäre, angesichts der im Theorieteil vorgestellten Thesen, in vergleichbarem Umfang auch für die deutsche Presse erforderlich. Doch für die hiesigen Medien fehlt es an Langzeitstudien zum Phänomen Privatisierung.

Die vorgestellte Untersuchung zur Personalisierung und Privatisierung der Kommunikation in Talkshows umfasst, wie erwähnt, lediglich das Wahljahr 1998 und wertet insgesamt nur acht Politikerauftritte aus. Auch eine Forschungsarbeit, die sich, wie das niederländische Beispiel, einer Inhaltsanalyse von „gossip magazines" widmet, liegt für den deutschen Markt nicht vor. Festzuhalten ist damit, dass für die deutsche Presselandschaft quantitative Untersuchungen zum Thema völlig fehlen. Auf das Genre Homestory geht nur ein Aufsatz näher ein:

Er analysiert, wie sich Rudolf Scharping 2001 in solch einem Bericht der *Bunten* darstellte und welche Folgen das für ihn hatte (vgl. Vogt 2002).

Dass für die Privatisierungsthese Forschungslücken bestehen, merken auch einige Autoren der oben angeführten Literatur an: Ob solche Medieninhalte in den vergangenen Jahrzehnten zunahmen, müsse „zunächst offen bleiben", schreibt etwa Jörg-Uwe Nieland (2002, S.164), der sich in seiner Studie auf die Kommunikator-Seite – und hier auch nur auf die Rolle der Politiker – konzentriert. Ebenso gebe es bislang „wenig systematisches Wissen" darüber, „wie sich die Politik in diesem Umfeld darstellt" (Holtz-Bacha 2000, S.165).

Dieses Defizit könnte damit zusammen hängen, dass sich die Publizistikwissenschaft hinsichtlich der politischen Kommunikation stark auf Nachrichtengebung und Kommentierung konzentriert. Eine „akademisch vorgeprägte Typologie nach angeblich seriösen und unseriösen Forschungsbereichen" habe dazu geführt, dass einige Gattungen seltener Gegenstand wissenschaftlicher Studien seien, vermutete der Pressewissenschaftler Heinz-Dietrich Fischer (1985, S.24) schon vor mehr als zwanzig Jahren. Die „Vernachlässigung der Unterhaltungsöffentlichkeit" (Nieland 2002, S.169) scheint, gerade wenn es um die Vermischung von privaten und politischen Themen geht, bis heute anzuhalten.

Dabei trifft dieses Versäumnis meist jene Angebote, die sich beim Publikum größter Beliebtheit erfreuen. Besonders für die Inhalte von Unterhaltungs- oder Publikumszeitschriften[14] liegen, obgleich es sich um ein „potentes Massenmedium" handelt (Fischer 1985, S.16), nur wenige empirische Untersuchungen vor.[15] Auffällig ist vor allem ein Defizit an Langzeitstudien, die Kontinuitäten oder Brüche aufzeigen könnten (vgl. Vogel/ Holtz-Bacha 2002, S.7). Möglicherweise werde der Unterhaltung schlicht keine große Wirkungsmöglichkeit zugetraut, vermutet Christina Holtz-Bacha (1989, S.200). Das steht aber im Widerspruch zu den Annahmen, die weiter oben vorgestellt wurden: Einigen Auto-

---

[14] Was unter dem Typus Unterhaltungs- bzw. Publikumszeitschrift zu verstehen ist und welche Titel als Beispiele für diese Gattung gelten können, wird im Kapitel 4.3. erläutert.
[15] Die vorhandenen Studien beschäftigen sich vorrangig mit den Produzenten und befragen Unterhaltungsjournalisten nach ihrer Ausbildung oder ihrem Selbstverständnis, das, so eine Hauptthese, nicht selten von Selbstwertproblemen geprägt sei: vgl. Holtz-Bacha 1989, S.201.

ren gilt die unterhaltende Politikkommunikation und speziell die Präsentation der Privatsphäre sogar als Gefahr für demokratische Kultur und Meinungsbildung. Festhalten lässt sich also nur: Der Unterhaltungsjournalismus prägt die Medienrealität von Millionen Lesern, die teils keine oder nur wenige andere Kommunikationsangebote nutzen. Welche Botschaften, welche Vorstellungen vom politischen Personal der Republik unterhaltende Formate dabei vermitteln, bleibt aber weitgehend unklar. Ob insbesondere die These von einer zunehmenden Privatisierung auch in Deutschland zutreffend ist, wird in der vorhandenen Literatur nicht beantwortet. Diese Frage soll daher in der vorliegenden Arbeit im Mittelpunkt stehen.

4 Empirische Untersuchung

4.1 Zentrale Hypothesen und Forschungsfragen

Nachdem zahlreiche theoretische Überlegungen sowie einige quantitative Befunde vorgestellt wurden, sollen nun Hypothesen abgeleitet werden, die die dort formulierten Annahmen aufgreifen. Die bislang vorgestellten Autoren gehen entweder aufgrund von Einzelbeobachtungen davon aus, dass sich die Politikkommunikation in den deutschen Medien verändert hat. Oder sie weisen dies für ausländische Pressetitel anhand empirischer Daten nach. Diese Befunde könnten also für einen gleichartigen Trend in der hiesigen Berichterstattung sprechen. Die übergeordnete, noch ungerichtete Hypothese für die vorliegende Arbeit lautet nun:

> I. In deutschen Medien hat sich in den vergangenen Jahrzehnten ein Wandel in der Berichterstattung über das Privatleben der Politiker vollzogen.

Zwei gerichtete Hypothesen werden aus dieser Annahme abgeleitet. Die erste betrifft formale Veränderungen, die zweite postuliert einen inhaltlichen Wandel:

> a) Deutsche Medien berichten in immer größerem Umfang über das Privatleben der Politiker.
>
> b) Die Berichte selbst werden zunehmend persönlicher; sie stellen also immer größere Teile des Privatlebens ‚hinter' dem Amtsträger aus.

Den zwei gerichteten Annahmen, die sich auf Thesen aus der vorgestellten Literatur stützen, werden einige eher explorative Forschungsfragen hinzugefügt. Sie beziehen sich auf Aspekte, für die der derzeitige Forschungsstand keine allzu konkreten Vermutungen zulässt (vgl. Kromrey 2002, S.67). Gleichwohl werden die Fragen von den Autoren als wichtige Teile weiterer Analysen gehandelt, die nachzeichnen sollen, wodurch genau diese zunehmende Präsentation des Privaten gekennzeichnet ist.

II.	Wie stellt sich Politik in diesem Umfeld dar?
a)	Wer präsentiert seine Privatsphäre?
b)	Was wird in den Berichten gezeigt?
c)	Welche Wertungen werden damit verbunden?

4.2 Forschungsmethode

Eine Inhaltsanalyse eignet sich methodisch am besten, um die aufgeworfenen Fragen zu beantworten. Sie dient, sehr allgemein formuliert, der „Beschreibung inhaltlicher und formaler Merkmale von Mitteilungen" (Früh 2004, S.25) – und kann damit den vermuteten Wandel sowie Charakteristika der Darstellung erfassen. Generell gilt die politische Kommunikation zudem als das zentrale Anwendungsgebiet der Inhaltsanalyse (vgl. Brosius/ Koschel 2005, S.145).

Die Inhaltsanalyse kann sich qualitativer oder quantitativer Verfahren bedienen. Eine „strikte Konstrastierung" der beiden Messformen ist jedoch nach Werner Früh (2004, S.67) theoretisch wie praktisch nahezu unmöglich. Ohnehin wendeten die meisten Untersuchungen eine Mischform an. Auch die vorliegende Arbeit will einerseits nach allgemeinen Merkmalen des Phänomens Privatisierung suchen und wird dafür quantitative Messungen vornehmen müssen. Andererseits sollte im Falle der eher explorativen Forschungsfragen (II a-c) die Untersuchung nicht auf die quantitative Perspektive eingeschränkt werden. Notwendig ist deshalb zugleich eine qualitative Analyse, also der Verweis auf Einzelfälle und individuelle Besonderheiten. Es geht demnach sowohl um eine „Formulierung des Allgemeinen" als auch um eine „Beschreibung des Einzelnen" (ebd., S.69), die Früh als Ziele von quantitativen und qualitativen Verfahren nennt.

Ferner ist die Inhaltsanalyse geeignet, um vergangene Kommunikationsprozesse zu untersuchen. Dieser Vorteil gegenüber anderen Forschungsmethoden ist in der vorliegenden Arbeit von großer Bedeutung, da es um einen langfristigen Wandel geht, der mehrere Jahrzehnte umspannt. Aber nicht alle Mediengattungen bieten für inhaltsanalytische Langzeitstudien gleich günstige Bedingungen. Am besten lassen sich solche umfassenden Trendstudien mit „geduldigem Papier", also mit Presseerzeugnissen als Untersuchungsmaterial realisieren (vgl. Brosius/ Koschel 2001, S.171). Demgegenüber dürften Fernseh- oder Hörfunkbeiträge aus den frühen Jahren der Bundesrepublik, für die im Theorieteil einige Annahmen vorgestellt wurden, gar nicht vollständig verfügbar sein; sie eignen sich daher nur bedingt für solche langfristig angelegten Studien (vgl. Rössler 2005, S.61-65).

Wie lässt sich aber anhand von Presseberichten aus mehreren Jahrzehnten eine Privatisierung der politischen Kommunikation untersuchen? Die vorliegende Arbeit hat, um diese Frage zu beantworten, eine einzelne journalistische Gattung ausgewählt: die Homestory, die als Prototyp für die massenmediale Darstellung des Privatlebens einzelner Personen begriffen werden kann. Homestories ermöglichen allein aufgrund der bloßen Menge an Artikeln sowie deren Umfang eine Aussage über zunehmende Privatisierung im Zeitverlauf. Darüber hinaus kann anhand ihrer Inhalte untersucht werden, ob sich ein Trend hin zu mehr privaten Informationen ergibt. Die Wissenschaft zählt die Homestory, auch wenn ihr bislang keine eigene eigenen Studien gewidmet wurden, in der Politikvermittlung zu jenen „Formen mit unterhaltendem Charakter", die „an Bedeutung gewinnen werden" (Jarren 2001, S.16). Nicht zuletzt spricht für die Auswahl der Homestory als Analysegegenstand, dass solche Berichte oft ein großes Medienecho hervorrufen.[16] Als Analyseeinheiten dieser Studie sind damit einzelne Artikel festgelegt. Für sie soll als „Elemente aus dem Untersuchungs-material (...) im Rahmen der Codierung eine Klassifizierung vorgenommen wer-den" (Rössler 2005, S.70).

4.3 Untersuchte Medien, Analysezeitraum und Materialbeschaffung

Weiter oben wurde bereits verdeutlicht, warum eine Untersuchung anhand von Presseinhalten sinnvoll erscheint. Zu beantworten bleibt nun noch die Frage, welchen Titeln die zu analysierenden Homestories entnommen werden sollten. Solche Berichte sind, wie erwähnt, zumeist in den unterhaltenden Medien an-zutreffen. Für eine Untersuchung der deutsche Presse bietet sich daher der Blick in ihre erfolgreichsten Erzeugnisse an: die Publikumszeitschriften, die auch als „Unterhaltungszeitschriften", „Freizeitschriften" oder „Populärpresse" kategori-siert werden (vgl. Vogel 2002, S.23; vgl. Bohrmann 2002, S.32f.). Diese sind innerhalb des Zeitschriftensektors abzugrenzen von anderen Gattungen, vor allem von der Fachpresse sowie den Kunden- und Verbandszeitschriften.[17] Die Publikumszeitschrift richtet sich, im Gegensatz zu den anderen genannten Ty-pen, „an ein durch Beruf, Stand und Mitgliedschaft prinzipiell nicht begrenztes, möglichst breites Publikum" (Fischer 1985, S.18). Ihr Auftrag lautet vorrangig Unterhaltung und Zerstreuung; selten ist sie auf Bildung oder Unterrichtung im klassischen Sinne aus (vgl. ebd. S.20).

Auch die Publikumszeitschrift dient als Oberbegriff für zahlreiche weitere Gattungen. Dazu zählen illustrierte Magazine als auflagenstärkster Typ sowie

---

[16] Im weiter oben vorgestellten Aufsatz von Ludgera Vogt, der sich mit einem Magazinbericht über Rudolf Scharping und den Folgen befasst, kann beispielhaft nachvollzogen werden, wie sehr andere Medien – egal ob Boulevard- oder Qualitätsformate – sich anschließend mit den privaten Informatio-nen und Bildern beschäftigten: vgl. Vogt 2002.

[17] Je nach Tiefe der Analyse und Menge der berücksichtigten Charakteristika kann die Zeitschriften-landschaft noch weiter aufgefächert werden. Zu nennen wären dann z.B. noch Berufszeitschriften oder Anzeigenblätter sowie historisch bedeutsame Gattungen wie etwa die Moralischen Wochen-schriften (vgl. Noelle-Neumann/ Schulz/ Wilke 2003, S.443-445).

beispielsweise Sport- und Jugendzeitschriften, Rätselhefte, Frauen- und Familienzeitschriften, populärwissenschaftliche Blätter oder Modetitel (vgl. Noelle-Neumann/ Schulz/ Wilke 2003, S.445). Das illustrierte Magazin bietet seinen Lesern eine Mischung aus Lebenshilfe, Klatsch und Unterhaltung über „menschliche Probleme, individuelle Schicksale, Prominente" sowie gleichfalls politische Beiträge (ebd., S.448). Die Illustrierte erscheint daher als geeignetes Medium für die angestrebte Untersuchung, denn Politiker-Homestories dürften sich in Modezeitschriften, Rätselheften oder andere Nebengattungen vermutlich nur sehr selten finden.

Für eine Langzeitstudie ist es nötig, unter den Illustrierten jene Titel zu finden, die von der Nachkriegsepoche bis in die heutige Zeit kontinuierlich erschienen. Während der Phase, in der die Lizenzvergabe durch die Alliierten erfolgte, entstanden in Deutschland zahlreiche illustrierte Magazine. Besonders erfolgreiche Neugründungen waren der *Stern*, die *Neue Revue*, die *Quick* sowie die *Bunte*, die ab 1948 zunächst unter dem Namen *Das Ufer* erschien (vgl. zu den einzelnen Titeln: Koch 1985; Sakowski 1985; Mahkorn 1985; Leeb 1985). *Quick* musste, trotz zwischenzeitlicher Marktführerschaft, 1992 eingestellt werden. Die *Neue Revue*, einst eine der bedeutendsten Illustrierten mit Druckauflagen von etwa 1,5 Millionen Exemplaren, hatte starke Rückgänge hinzunehmen und gehörte in den letzten Jahren zu einem breiten Mittelfeld mehr oder weniger gewinnträchtig operierender Blätter (vgl. Noelle-Neumann/ Schulz/ Wilke 2003, S.446-448, vgl. Fischer 1985, S.42f.).[18]

Die vorliegende Studie untersucht daher die seit Jahrzehnten erfolgreichsten Illustrierten, die *Bunte* sowie den *Stern*. Beide Titel wurden im Jahr 1948 gegründet und sind bis heute erhältlich. Die *Bunte* bzw. ihre Vorläufer[19] erschienen ab März 1948 zunächst monatlich, später vierzehntägig und ab 1957 schließ-

---

[18] Die Bauer-Verlagsgruppe hat inzwischen angekündigt, die *Neue Revue* einzustellen. Im Juli 2008 soll die letzte Ausgabe erscheinen.

[19] Die erste Nummer vom 17. März 1948 trug den Namen Das Ufer – Zeitschrift junger Menschen, später hieß sie u.a. Bunte Illustrierte – Ufer oder Bunte Deutsche Illustrierte.

lich wöchentlich.[20] Der *Stern,* dessen erste Ausgabe im August 1948 veröffentlicht wurde, stellte, nach einer zuvor nicht ganz regelmäßigen Erschei-
nungsweise, schon 1949 auf einen wöchentlichen Rhythmus um.

Bereits mit ihren ersten Auflagen gewannen beide Titel Zehntausende Leser; schnell waren es mehrere Hunderttausend. Ab den 1950er Jahren zogen
Bunte und *Stern* schließlich ein Millionenpublikum an (vgl. Hilgenstock 1991,
S.65-71). Der Allensbacher Werbeträger-Analyse kann zudem entnommen werden, dass beide Zeitschriften in den letzten Jahren zusammen etwa 19 Prozent
der deutschen Bevölkerung über 14 Jahre erreichten (Noelle-Neumann/ Schulz/
Wilke 2003, S.446).

Der *Stern* sieht sich selbst, wie der ehemalige Chefredakteur Peter Koch
(1985) in Anlehnung an ein Zitat von Henri Nannen schreibt, als „eine Wunder-
tüte für Erwachsene", die „Information als Unterhaltung präsentieren" will
(S.161). Man vertrete dabei aber zugleich „einen kritischen aggressiven Journalismus" und wolle „Tabus zertrümmern" (ebd., S.165f.). Für Norbert Sakowski,
der sowohl für den *Stern* als auch für die *Bunte* in leitenden Positionen gearbeitet
hat, sind beide Blätter dagegen vorrangig „auf Gewinn ausgerichtete Unterneh-
men", die nicht anstrebten, Moral oder Gerechtigkeit einzufordern (Sakowski
1985, S.186). Als oberstes Ziel gelte auch der *Bunte*-Redaktion: „Wir wollen
unterhaltend informieren" (ebd., S.189) – allerdings ohne dabei destruktiv zu
wirken. Stattdessen gehe es darum, „eine lebenswerte Welt zu erläutern", indem
die Berichte das Positive und nicht das Negative betonten: „Unterhalten, Rat
geben, nicht zerstören" (ebd., S.188), sei der handlungsleitende Dreiklang. Sabi-
ne Hilgenstock (1993), die die Geschichte der *Bunten* anlässlich ihres 40-
jährigen Bestehens 1988 untersuchte, kommt zu dem Schluss, dass die Zeitschrift einerseits das Bedürfnis ihres Publikums nach unpolitischer Unterhaltung,
Ablenkung oder „schöneren Welten" erfüllte (S.59). Andererseits lieferte sie –

---

[20] Diesen sowie weiteren Angaben zu Erscheinungsweisen und Umfang der Zeitschriften *Bunte* und
Stern liegen überwiegend eigene Auszählungen zugrunde, die im Pressearchiv der Berliner Staatsbib-
liothek sowie der Bibliothek für Publizistik an der Freien Universität Berlin vorgenommen wurden.
Nur teilweise konnte auf bisherige Forschungen zurückgegriffen werden, v.a. auf: Hilgenstock 1991,
S.259.

auch in der unmittelbaren Nachkriegszeit – Inhalte, die Politik und Geschichte betrafen oder der Vergangenheitsbewältigung dienten. Allerdings werden solchen Themen in der *Bunten* meist „an spektakulären Einzelschicksalen aufgehängt" (ebd., S.60). Beide Blätter können also ihrer inhaltlichen Ausrichtung zufolge als klassische unterhaltungsorientierte Publikumszeitschriften mit einer bunten Themenmischung gelten, die auch eine politische Berichterstattung umfasst.

Um einem Langzeittrend bzw. einer veränderten politischen Kommunikation auf die Spur zu kommen, wurden in der vorliegenden Vollerhebung 60 Jahrgänge der ausgewählten Magazine analysiert: von den Erstausgaben des Jahres 1948 bis zur jüngsten Berichterstattung aus dem Jahr 2007.[21] Die Grundgesamtheit bilden mithin sämtliche Politiker-Homestories, die in dieser Zeitspanne im *Stern* oder in der *Bunten* erschienen. Dass in die Analyse die Inhalte aus zwei Zeitschriften eingehen, beugt einer Verzerrung vor. Denn die Auswahl zweier Titel kann eher gewährleisten, dass ein beobachteter Wandel nicht allein auf die Neuausrichtung eines einzelnen Blattes oder den Geschmack bestimmter Chefredakteure zurückzuführen ist.

Aufwändig gestaltete es sich, in den 60 Jahrgängen der ausgewählten Publikumszeitschriften die untersuchungsrelevanten Homestories zu finden. Das Material wurde schließlich mithilfe der beteiligten Verlage und ihrer Archive sondiert: Zum einen existiert im Verlag Gruner + Jahr, der den *Stern* herausgibt, eine Online-Pressedatenbank[22]. Sie enthält Artikel ab dem Jahr 1948 und ermöglicht für diesen Bestand eine Stichwortsuche.[23] Auch der Burda Verlag, in dem die *Bunte* erscheint, führt seit einigen Jahren ein Pressearchiv mit digitalisierten Daten. Die verfügbaren Bestände der Burda-Datenbank reichen jedoch nur bis

---

[21] Ausschlaggebend für die Medienauswahl war zudem, dass beide Titel für diesen gesamten Analysezeitraum in den Berliner Pressearchiven verfügbar sind – was für Publikumszeitschriften keineswegs selbstverständlich ist.

[22] Online (kostenpflichtig) verfügbar unter: www.pressedatenbank.guj.de.

[23] Allerdings sind, nach Aussagen der Archivleitung, die Bestände bis in die späten 1950er Jahre nicht vollständig. Für diesen Zeitraum wurden daher, zusätzlich zur Online-Stichwortsuche, von der Autorin die gesamten veröffentlichten *Stern*-Ausgaben bis 1959 im Archiv durchgesehen, um sicherzustellen, dass alle gedruckten Politiker-Homestories in die Studie einbezogen werden.

ins Jahr 1995 zurück. Deshalb wurden die *Bunte*-Ausgaben der Jahrgänge 1948 bis 1994 von der Autorin im Zeitschriftenarchiv ohne vorherige Filterung durchgesehen.

Für jene Jahrgänge, in denen mittels einer Datenbankrecherche nach Politiker-Homestories gesucht werden konnte, mussten entsprechende Suchbegriffe festgelegt werden. Dabei zeigte sich, dass gattungstypische Begriffe wie „privat" oder „Besuch" zu einschränkend wirkten.[24] Letztlich erwies sich die Suche nach dem Stichwort „Politiker" als beste Lösung, auch wenn sich dadurch sehr viele Treffer ergaben, die dann einzeln nach ihrer Brauchbarkeit sortiert werden mussten.[25] Die Auswahl erfolgte anhand der Definition für eine „Politiker-Homestory", die in den Codieranweisungen der Studie formuliert ist. Sie wird im weiteren Verlauf dieser Arbeit noch vorgestellt. Aus den Datenbankrecherchen entstand schließlich eine Artikelliste, mit deren Hilfe dann die einzelnen Homestories in den archivierten Papierausgaben gesucht und für eine tiefere Analyse kopiert wurden.[26]

4.4 Operationalisierung

4.4.1 Codebuch

Im Zentrum einer empirischen Inhaltsanalyse steht das Codebuch, das als ihr „Werkzeug" alle Kriterien für die Untersuchung des Materials enthält und dem Codierer genaue Anweisungen für den Arbeitsprozess erteilt. Ein Codebuch besteht meist aus drei Teilen (vgl. Rössler 2005, S.87-90): Zu Beginn steht der „Definitorische Rahmen". Dessen einleitende Bemerkungen erläutern das Unter-

---

[24] Einige Homestories, die zuvor testweise erhoben worden waren, wurden in der Ergebnisübersicht solcher Suchvorgänge nicht als Treffer angezeigt.

[25] Die Suche in der Pressedatenbank von Gruner + Jahr erbrachte 16.207 Treffer; im digitalisierten Burda-Archiv ergaben sich für das Stichwort „Politiker" insgesamt 3.340 Einträge.

[26] Denn die Datenbanken enthalten lediglich den Artikel als Lauftext. Bilder, Kästen, Zwischenüberschriften fehlen ebenso wie Seitenangaben. Da diese Bestandteile in die Untersuchung einbezogen werden sollten, konnten die Fundstellen nur als erste Anhaltspunkte, nicht schon als Analysematerial genutzt werden.

suchungsziel; danach sollten wichtige Begriffe definiert sowie die einzelne Co-diereinheit abgegrenzt werden. Der zweite Teil des Codebuchs beinhaltet das Kategoriensystem, das alle Haupt- und Unterkategorien für die Analyse aufführt und festlegt, welche Merkmale der Codiereinheit – hier einer einzelnen Home-story – erhoben werden sollen (vgl. Kromrey 2002, S.318). Dabei gehen nicht alle Details und möglichen Charakteristika, die das Material enthält, in die Untersuchung ein. Vielmehr ist das Kategorienschema das Ergebnis eines Selektionsprozesses, der sich aus den Forschungsfragen ableitet (vgl. ebd., S.325f.). Im Anhang, dem dritten Teil des Codebuches, können eine tabellarische Übersicht über die Kategorien oder ein Muster des Codebogens beigelegt werden. Wie umfangreich ein Codebuch letztlich ist, hängt stark vom Untersuchungsgegenstand und der Komplexität der Fragestellungen ab (vgl. Rössler 2005, S.88f.)

An das Kategorienschema werden seitens der Methodenlehre einige Anforderungen gestellt: Die Kategorien und ihre einzelnen Merkmalsausprägungen sollten trennscharf abgefasst sein, sich also nicht ‚überlappen' (vgl. Diekmann 2001, S.489). Jede Analyseeinheit muss genau zugeordnet werden können – das geht nur, wenn die verschiedenen Kategorien und Zuordnungsregeln präzise formuliert sind. Ferner sollten die Merkmalsausprägungen, die für eine Kategorie im Codierbogen aufgeführt werden, erschöpfend sein: Alle möglichen Ausprägungen sind für den Codierer vollständig aufzulisten. Um die oftmals diffizile, detailgeleitete Einordnung der Analyseeinheit zu erleichtern, empfiehlt es sich, in der Beschreibung einzelner Merkmale mit Beispielen zu arbeiten. Erst wenn diese Anforderungen an das Kategorienschema erfüllt sind, wird dem Codierer eine „sichere Interpretation mehrdeutiger Zeichen" ermöglicht (Früh 2004, S.107). Die wichtigsten Teile des in dieser Studie verwendeten Codebuches erläutern die nachfolgenden Unterkapitel. Dabei wird im Sinne eines „Definitorischen Rahmens" zu Beginn geklärt, welche Art von Medienberichten sich als „Homestory" bezeichnen lassen. Im Anschluss sollen die formalen und inhaltlichen Kategorien der Untersuchung vorgestellt und begründet werden.

4.4.2 Definition der Politiker-Homestory

Grundlegend für die Untersuchung ist zunächst die Frage: Was ist eigentlich eine „Politiker-Homestory"? Was macht diesen Artikeltyp aus? Erst daran entscheidet sich, wie eine einzelne Analyseeinheit von anderen – teils sehr ähnlichen – Zeitschrifteninhalten unterschieden wird. Immerhin ist das im Zeitverlauf zunehmende Auftreten dieser Artikelform eine der Hauptthesen der vorliegenden Arbeit. Die hier gefragte Gattung muss sehr genau beschrieben werden, und das lässt sich besten umsetzen, wenn man den Begriff in seine Bestandteile ‚Politiker' und ‚Homestory', also in ihren Protagonisten und ihren Handlungsort, zerlegt.

In der wissenschaftlichen Literatur oder in Praxisbüchern findet sich keine Definition dazu, welche Artikelformen als ‚Homestory' gelten können. Um sich den Eigenheiten der Gattung dennoch zu nähern, ist es hilfreich, die verschiedenen Formate der Berichterstattung in den untersuchten Illustrierten in den Blick zu nehmen. In einer Voranalyse, in der die Grundlagen für die Operationalisierung erarbeitet wurden, erfolgte daher eine Durchsicht der Magazine, die besonderes Augenmerk auf politische, akteurs- und unterhaltungsorientierte Berichte legte. Dabei zeigte sich, dass vor allem zwei journalistische Gattungen genutzt werden, um Details aus dem Privatleben von Politikern mitzuteilen: personenzentrierte Artikel und Interviews.

Charakteristisch für die Homestory ist nun, wie ihr Name schon sagt, dass ihr Handlungsort ein privater ist, dass ihre Hauptperson also von den Journalisten in seinem privaten Umfeld besucht wird. Als private Handlungsorte werden in der vorliegenden Arbeit Privatwohnungen oder Privathäuser und ihre Gründstücke verstanden.[27] Diese Orte stehen im Gegensatz zu öffentlichen, also allgemein zugänglichen Plätzen, beispielsweise einem Park oder einem Restaurant, die in den Magazinen ebenso als Kulisse für personenzentrierte Berichte („Unterwegs mit ...") genutzt werden. Darüber hinaus können, im Falle eines

---

[27] Dazu zählen also beispielsweise auch: der eigene Garten, das Urlaubs- oder Sommerhaus, eine Ferienwohnung oder das Elternhaus. All diese Handlungsorte finden sich in den untersuchten Berichten, wie sich zeigte, sogar mehrfach.

Berichts über einen politischen Akteur, auch Repräsentations- und Büroräume als öffentliche Handlungsorte gelten: Hier spielt erneut eine Unterscheidung in rollennahe und rollenferne Darstellungsformen eine Rolle. Repräsentative Räumlichkeiten oder Büros sind dabei eindeutig der Rolle des Amtsträgers und nicht der Inszenierung als Privatmensch zuzuordnen. Desgleichen sind auch Staatsbesuche oder Arbeitsessen offizielle Termine und damit in dieser Untersuchung nicht von Interesse.[28]

Für eine Definition der Politiker-Homestory ist nun noch die Frage nach den dargestellten Protagonisten zu beantworten: Als „Politiker" gilt dabei zunächst eine „an politischen Entscheidungen handelnd beteiligte Person" (Nohlen 1998, S.29). Da „Entscheidung" und „Beteiligung" sehr weit gefasste Begriffe sind, muss auch die Definition, die in der vorliegenden Arbeit Verwendung findet, recht umfänglich sein. Weder in Bezug auf die politische Ebene noch hinsichtlich des tatsächlichen politischen Einfluss eines Akteurs sollte sie zu einschränkend wirken.[29]

Als Politiker wird deshalb eine Person verstanden, die ein politisches Amt von der kommunalen Ebene bis hin zum Staatsoberhaupt bekleidet, anstrebt oder innehatte.[30] Im Falle letzterer ‚Altpolitiker' muss allerdings gewährleistet sein, dass ihnen die mediale Aufmerksamkeit und damit der potentielle Einfluss aufgrund ihrer (früheren) politischen Tätigkeit zuteil wird. Für das Publikum muss also vermutet werden, dass es die Person vorrangig als Figur aus der Politik wahrnimmt.[31]

Da für die Homestory die Darstellung des persönlichen Umfelds vorrangiges Ziel ist, liefert sie zuweilen auch Porträts jener Menschen, die den Poli-

---

[28] Eine ähnliche Unterscheidung in offizielle und private Anlässe nimmt auch Langer (2007) in ihrer Studie vor (vgl. S.382).

[29] Zum Beispiel ist auch das Kandidieren für ein Amt eine, wenn auch nicht immer so folgenschwere, Form der Einflussnahme auf das politische Geschehen. Würde die Definition beispielsweise solche Fälle ausschließen, so könnte die Studie letztlich nur Befunde für die Auftritte von etablierten Politikern liefern und damit nur einen kleinen Ausschnitt aus der gesamten Berichterstattung betrachten.

[30] Die auch hier recht weit gefasste Definition schließt nicht nur deutsche, sondern auch internationale Politiker mit ein.

[31] Jene Akteure, die zum Zeitpunkt der Berichterstattung ihr Amt nicht mehr ausüben, gelten daher nur dann als Politiker, wenn sie bis dahin nicht hauptberuflich in einer anderen Branche tätig wurden.

tiker in ihrem Privatleben umgeben. Teils stehen diese Menschen – also beispielsweise die Ehefrau eines Ministers – sogar im Mittelpunkt des Interesses:
„Manche Familienmitglieder", schreibt Christina Holtz-Bacha (2001), seien eben
„selbst so populär, dass sie mehr für den Kandidaten bewirken können" (S.23).
Als Politiker-Homestory wird, um dieser speziellen Darstellungsform gerecht zu
werden, daher auch ein Bericht gewertet, der vorrangig Individuen aus dem na-
hen Umfeld und nicht den Politiker selbst vorstellt.[32]

In der näheren Definition des gesuchten Artikeltyps ist zudem festgehalten,
dass im Text oder anhand der Bilder eine Kooperation der ausgewählten Protagonisten erkennbar sein muss. Denn erst dann kann von einer gewünschten Präsentation des Privatlebens durch den Politiker gesprochen und ein strategisches
Verhalten angenommen werden.[33]

Um die Auszählung nicht zu verfälschen, sollen zudem erkennbare Zweit-
oder Drittverwertungen von privaten Berichten nicht als erneute Homestory gewertet werden.[34] Hintergrund dieser Einschränkung ist, dass die untersuchten
Magazine vorrangig bestimmte Bilder, darunter teils auch solche aus anderen
Pressetiteln, wieder und wieder verwenden.[35] Oftmals werden damit Berichte,
denen kein Besuch im persönlichen Umfeld vorausging, „ausgeschmückt" – und
das mitunter Jahrzehnte, nachdem ein Politiker einmal die Tür zu seinem Privat-

---

[32] Solche Berichte treten, wie die Sichtung der Zeitschriften zeigt, nur als Porträts der Partner oder
der Familienangehörigen von politischen Akteuren auf. Ob es sich um solch eine „Umfeld-
Homestory" handelt, wird, wie Kapitel 4.4.4. erläutert, sogar in der Codierung erhoben.

[33] Nicht gegeben ist diese Kooperation, wenn die gedruckten Bilder oder die beschriebenen Szenen
um mit Paparazzi-Methoden gewonnen wurden. Beispielhaft zu nennen wäre hier ein Artikel im
Stern, der sich 2005 der offensichtlich nicht zur Kooperation bereiten Angela Merkel in ihrem persönlichen Umfeld näherte, indem die Reporterin mehrere Tage und Nächte das Wohnhaus Merkels in
Berlin-Mitte beobachtete: „Hier wohnt Angela Merkel". In: *Stern*, Jhg. 58, Nr. 52 (22.12.2005),
S.24ff. Teils wird in solchen Berichten auch explizit auf die Verweigerung der Politiker hingewiesen.
So befragen *Stern*-Reporter in „Der letzte Mann", einem Bericht über den ebenfalls nicht kooperati-
ven Kurt Beck, zahlreiche Einwohner seines Heimatdorfes und verteidigen dies: „Es gibt zwei Themen, auf die reagiert der Politiker Kurt Beck äußerst schmallippig. Das eine ist sein Privatleben, das
schottet er ab, so gut es geht. Das zweite ist sein Bildungsweg." In: *Stern*, Jhg. 59, Nr.17
(20.04.2006), S.26ff.

[34] „Erkennbare" Mehrfachverwertungen sind die vor allem durch Credits an den Fotos oder Hinweise
im Text („Wie xy berichtete ...") zu identifizieren. Leider ist zu vermuten, dass nicht alle Weiterver-
wertungen gekennzeichnet werden.

[35] Vor allem Bilder oder Zitate aus Boulevardzeitungen, vorrangig der *Bild*, werden von den Illustrierten nachgedruckt.

leben geöffnet hat. In der Zusammenschau könnte sich so fälschlicherweise das Bild ergeben, dass ein bestimmter Protagonist seine Einwilligung zu Dutzenden Homestories gab, obgleich die Reporter ihn de facto weitaus seltener besuchten.

In die Untersuchung einer Homestory werden auch alle Bilder, Grafiken und Kästen einbezogen, die zum Beitrag gehören. Ebenso zählen Lead-Sätze, Unterzeilen, Einblocker sowie Bildunterschriften zur Analyseeinheit. Eine solche Einheit ist von anderen Berichten im selben Heft abgegrenzt durch den inhaltlichen Schwerpunkt sowie durch umbruchtechnische bzw. generell optische Mittel, zum Beispiel Rahmungen. Damit erfüllt die hier vorgenommene Abgrenzung jene Definition, die Ralf Lisch und Jürgen Kriz (1978) für eine Analyseeinheit bzw. ein „Item" vorgeben: Für sie ist dies „ein Text in einem Umfang, in dem er vom Sender als Einheit produziert wurde" (S.59). Es ist folglich davon auszugehen, dass die Kommunikatoren die genannten Bestandteile einer Homestory als Einheit verstehen – und dass auch das Publikum die verschiedenen Elemente als einen zusammengehörigen Bericht wahrnimmt.

4.4.3 Formale Kategorien

Für die Codierung der nun definierten Homestories wurde ein Kategorienschema entworfen, das sowohl formale als auch inhaltliche Merkmale des Textmaterials erfasst. Dieses Kategorienschema basiert auf theoretischen Überlegungen aus der vorgestellten Literatur und übernimmt teils Vorgehensweisen, die in bisherigen Studien angewandt wurden. Darüber hinaus wurde das Kategorienschema in einem Pretest auf eine kleine Stichprobe aus dem Untersuchungsmaterial angewandt und im Anschluss ergänzt und präzisiert (vgl. Merten 1995, S.325).[36]

---

[36] Bei der Stichprobe handelte es sich um 20 Artikel; zehn Homestories wurden der *Bunten* und zehn weitere dem *Stern* entnommen. Die 20 Artikel stammten aus den Jahren 1957 bis 2007 und verteilten sich somit auf fast alle Jahrzehnte, die im Untersuchungszeitraum erfasst sind. So sollte überprüft werden, ob das Kategorienschema sich sowohl auf die jüngste Berichterstattung als auch auf ältere Beispiele anwenden lässt, denn gerade hinsichtlich der formalen Merkmale sind schon bei oberflächlicher Durchsicht große Veränderungen innerhalb der 60 analysierten Jahrgänge auszumachen.

Die formalen Merkmale sind in einer Trendstudie von großer Bedeutung, da sie nicht nur pro forma erhoben werden, sondern selbst Forschungsfragen beantworten (vgl. Brosius/ Koschel 2001, S.176). Im vorliegenden Fall dienen die formalen Kategorien vor allem dazu, die Hypothese Ia) zu prüfen:

Ia) Deutsche Medien berichten in immer größerem Umfang über das Privatleben der Politiker.

Es wird daher das Erscheinungsdatum der Homestory notiert und somit auch der Jahrgang der Veröffentlichung.[37] Außerdem nimmt die Codierung zwei metrisch skalierte Variablen auf (vgl. Vogel 1999, S.6), die messen sollen, ob sich der in der These aufgeführte „Umfang" verändert hat: Für jeden Artikel werden die Anzahl der Seiten und die Wörterzahl codiert. Die Anzahl der Seiten, die eine Homestory umfasst, wird dabei auf halbe Seiten gerundet. Werbeanzeigen oder nicht-zugehörige Artikel werden in der Codierung also „abgezogen".[38]

Die allgemein formulierte Hypothese teilt sich damit in vier Unterhypothesen auf, die sich auf konkrete formale Merkmale der Berichterstattung beziehen. Die erste Hypothese bezieht sich auf die bloße Anzahl der Privatberichte, nicht aber auf deren Umfang. Dagegen treffen die zweite und die dritte Unterhypothese Aussagen über eine Art Mikroebene, nämlich über einen Wandel, der die einzelne Analyseeinheit betrifft. Die letzte Unterhypothese postuliert Veränderungen, die sich aus der Zusammenschau der Artikel eines Jahrgangs ergeben. Sie setzt den ebenfalls in Seitenzahlen ermittelten jährlichen Gesamtumfang der beiden Magazine[39] und die gedruckten Homestories ins Verhältnis und fragt:

---

[37] Dadurch dass das Datum notiert wird, ist v.a. eine leichtere Wiederauffindbarkeit des Materials gewährleistet. In der Auswertung selbst wird eine Gruppierung des Materials notwendig sein, die in dieser Trendstudie am praktischsten durch eine Einteilung in Jahrgänge und nicht in monatliche oder gar wöchentliche Analysephasen zu realisieren ist.

[38] Das genaue Messverfahren wird im Codebuch erläutert.

[39] Leider konnten die Archive von Gruner + Jahr sowie des Burda-Verlages auf Nachfrage keine Angabe zum Gesamtumfang eines Jahrganges, gemessen an Wörter- oder Seitenzahlen, machen. Daher wurde die Gesamtseitenzahl eines *Bunte*- oder *Stern*-Jahrganges in eigenen Auszählungen anhand des Archivmaterials ermittelt. Dabei wurde für jedes Heft ein Wert notiert, der sich entweder aus dem Inhaltsverzeichnis oder als letzte gedruckte Seitenzahl ergab. Am Ende wurden alle Werte

Werden die Hefte zusehends von solchen Berichten geprägt? Die vier Unterhypothesen zu Ia) lauten damit wie folgt:

Ia)

1) Die Anzahl der veröffentlichten Homestories nimmt in den 60 Jahren zwischen 1948 und 2007 zu.

2) Der Seitenumfang pro gedruckter Homestory nimmt im Zeitverlauf zu.

3) Die Wörterzahl pro gedruckter Homestory nimmt zu.

4) Der prozentuale Anteil der Homestories am Gesamtumfang der Magazine nimmt zu.

Ferner wurde der Titel der Homestory sowie das Magazin, in dem sich diese befand, notiert. Diese Angaben dienen, neben der medienspezifischen Auswertung, auch der Wiederauffindbarkeit der einzelnen Artikel.

4.4.4 Thematische Merkmale der Artikel

Mit den Themen, die in der Berichterstattung über das Private in der Politik angesprochen werden, beschäftigt sich vor allem die oben bereits eingeführte Hypothese Ib):

Ib)   Die Berichte werden zunehmend persönlicher; stellen also immer größere Teile des Privatmenschen ‚hinter' dem Amtsträger aus.

Um diese Annahme zu überprüfen, wurden Kategorien entwickelt, die teils schon in den vorgestellten Studien zur Privatisierung der Politikkommunikation Anwendung fanden. Vor allem geht es hierbei um die Frage: Welche Themen

---

eines Jahrganges, der zumeist aus 52 oder 53 Heften besteht, addiert und somit die Gesamtseitenzahl eines Magazinjahrganges errechnet.

betreffen nur die öffentliche Figur und welche gehören zum Privatleben einer Person? Wie kann innerhalb dieser Privatsphäre überhaupt ein noch feineres Maß entwickelt werden, das ermittelt, ob „größere Teile des Privatmenschen" ausgestellt werden und die Berichte folglich „zunehmend persönlicher" werden?

Die vorliegende Studie entscheidet sich, ähnlich wie einige der oben erwähnten Untersuchungen, dafür, das Private in mehrere Teilbereiche aufzugliedern. Je mehr dieser Themengebiete ein Artikel anspricht, desto „persönlicher" ist dann der Bericht. Aus den Studien von Ana Inés Langer (2007) und Liesbet van Zoonen (1998), die sich mit Politikberichten in der Presse beschäftigten, wurden jedoch zwei Textmerkmale, „Anekdoten" sowie „Skandale und Konflikte", als unbrauchbar für eine Untersuchung des Phänomens Privatisierung eingestuft. Denn solche Bestandteile können sich genauso in der Berichterstattung über politische Ereignisse oder Streitigkeiten finden; sie sind nicht ausschließlich dem Privatleben vorbehalten. Hier sollte folglich eher genannt werden, welche spezifischen Themenbereiche aus dem persönlichen Bereich ein Konflikt- oder Skandalpotential hätten. Denkbar wäre, Inhalte zu codieren, die auf normabweichendes Verhalten hinweisen, beispielsweise Berichte über Drogenkonsum oder eine Liebesaffäre.

Zwei Teilbereiche, namentlich „Kindheit und Jugend" sowie „Ehe und Partnerschaft", wurden für diese Untersuchung ohne Änderungen übernommen. Weitere Faktoren aus oben erwähnten Studien mussten nach ersten Probecodierungen modifiziert werden: Der Themenbereich „Familie" wurde genauer aufgegliedert, da das Merkmal sonst in fast jedem Artikel anzutreffen gewesen wäre. Eine feinere Unterscheidung in „Familie: Herkunft" und „Familie: Nachkommen" ermöglicht hier, genauer zu messen, wie ausführlich das Familienleben präsentiert wird. Das Thema „Religion", das ebenfalls der Langer-Studie entnommen ist, wurde erweitert um „Spiritualität", um auch neuere Trends und Glaubensbekenntnisse aufnehmen zu können. Langer und van Zoonen codieren zudem das „Aussehen" als privates Thema, was in der vorliegenden Studie expliziter als „Kleidung und Stil" – und damit als bewusste Entscheidung, nicht als naturgegebenes Merkmal – gefasst wurde.

Etwas unbefriedigend erscheint, dass Langer den „Lebensstil" als ein Merkmal fasst, obgleich solch ein weiter Begriff sehr viele Themen beinhaltet. Da dieses Merkmal im Rahmen einiger Testanwendungen in jeder der codierten Homestories anzutreffen war, erwies sich auch hier eine stärkere Untergliederung als notwendig. Zu Rate gezogen wurden dafür Studien aus der Lebensstilforschung, einem Teilgebiet der Soziologie. Die Lebensstilforschung hat Kriterien entwickelt, nach denen soziale Gruppen identifiziert und abgegrenzt werden. Merkmale werden dabei meist auf der Ebene einzelner Haushalte erhoben oder für Einzelpersonen anhand von Befragungen und Beobachtungen festgehalten (vgl. Konietzka 1995, S.18). Viele der entwickelten Kriterien beziehen sich auf private Lebensbereiche, weil deren immer stärkere Stilisierung „neue kulturelle und zugleich politische Konfliktdimensionen" transportiere und ein Bedürfnis nach Distinktion erkennen lasse (ebd., S.49). Im Rahmen einer „Entgrenzung der Politik" werde daher zunehmend die „Lebensführung als Politikum" begriffen (ebd.). Um dem Lebensstil der Untersuchungsteilnehmer näher zu kommen, werden in solchen soziologischen Studien einerseits Werturteile, biographische Ziele oder Charaktereigenschaften abgefragt. Andererseits interessieren beobachtbare Merkmale, also etwa Alltagsästhetik, Konsumentscheidungen oder Freizeitgestaltung (vgl. Otte 2004, S.131-135).

Für die Analyse der Homestories wurde also der Kriterienkatalog, der sich aus bisherigen publizistikwissenschaftlichen Studien ergab, anhand der Untersuchungsfragen und Variablen der Lebensstilforschung erweitert (vgl. vor allem: Otte 2004, S.132f.). Daraus ergab sich eine Liste mit 19 Themen, die nachfolgend in Tabelle 1 aufführt sind. Im Codiervorgang ist zu vermerken, ob das jeweilige Thema im Artikel angesprochen wird oder nicht. Aus allen 19 Indikatoren soll danach ein Index gebildet werden, der den Merkmalsraum, also das Maß an Privatheit eines Berichts, repräsentiert. Solch ein Index fasst für ein Merkmal „mehrere Teildimensionen nach einer spezifischen Rechenvorschrift zusammen" (Diekmann 2001, S.209). Die vielen gemessenen Indikatoren, die die Privatheit abbilden, werden nach der Einzelerhebung also wieder zu einem Zahlenwert komprimiert – im vorliegenden Fall geschieht das mittels einfacher Addition (vgl. Brosius/Koschel, S.64f.).[40] Folglich kann ein Artikel maximal einen Index-wert von 19 Punkten erreichen – genau dann, wenn er über alle genannten Teile des Privatlebens berichtet.

Tabelle 1: Für die Codierung ausgewählte Bereiche des Privatlebens

19 Teildimensionen	
Kindheit & Jugend	Ehe & Partnerschaft
Familie: Herkunft	Familie: Nachkommen
Freundeskreis	Affären & Sexualität
Wohnen: Einrichtung	Wohnen: Umfeld, Lage
Gesundheit & Krankheit & Tod	Religion & Spiritualität
Kleidung & Stil	Kulturelle Interessen
Mediennutzung	Hobbies
Reisen & Urlaub	Ernährung & Kochen
Finanzen	Konsum
Drogen	

Darüber hinaus ermittelt die inhaltliche Untersuchung, ob die Bebilderung der Magazinberichte zunehmend privater wird. Zunächst ist dafür die Gesamtzahl der Fotos für jede Homestory zu codieren, darüber hinaus ist festzuhalten, wie viele dieser Fotos das Privatleben darstellen. Das ist der Fall, wenn die Bilder an einem privaten Ort aufgenommen wurden, eine Person aus dem Privatleben des Politikers abbilden oder diesen bei einer privaten Tätigkeit, zum Beispiel seinem Hobby, zeigen. Solche Bilder suggerieren dem Leser eine größere Nähe zum Objekt der Berichterstattung. Verstärkt auf Fotos zu setzen, ist somit Kenn-zeichen eines Journalismus, der „das Phänomen der political celebrity, der politi-

---

[40] Voraussetzung dafür ist, dass alle Indikatoren, die in solch einen additiven Index einfließen, den-selben Wertebereich umfassen (vgl. Schnell/ Hill/ Esser 2005, S.171), was in der vorliegenden Arbeit gegeben ist: Die Einzelmerkmale werden als vorhanden / nicht vorhanden bzw. mit ihren numeri-schen Entsprechungen 1 / 0 codiert.

schen Prominenz" (Kuhne 2000, S.299) begründet hat. Grund dafür ist, dass gerade Bilder zur „langfristigen Imagebildung in der Mediengesellschaft" (ebd.) genutzt werden – die vorgelegte Untersuchung darf sich daher nicht auf die Analyse von Textmerkmalen beschränken.

Ebenfalls soll ermittelt werden, in welchem Umfang die Homestories überhaupt über Politik berichten. Diese Variable wird mit einer dreistufigen Ordinalskala erfasst. Insgesamt lassen sich daher aus der Hypothese I(b) die folgenden Unterthesen ableiten:

Ib)

1) Der Indexwert, der angibt, über wie viele Bereiche des Privatlebens in einer Politiker-Homestory berichtet wird, nimmt im Zeitverlauf zu.

2) Die Anzahl der Privatfotos pro Homestory nimmt zu.

3) Der Anteil der Privatfotos an der Gesamtzahl der Bilder pro Homestory nimmt zu.

4) Der Umfang, den die Homestories der Politik als Gegenstand der Berichterstattung widmen, nimmt im Zeitverlauf ab.

Neben der Überprüfung dieser Thesen, die mit quantitativen Methoden[41] vorgenommen wird, beinhaltet die themenorientierte Analyse der Homestories auch eine qualitative Auswertung. Angestrebt ist, damit Antworten auf die eher explorative Untersuchungsfragen II(b) und II(c) zu liefern: Was wird gezeigt? Und welche Wertungen werden damit verbunden? Denkbar wäre nämlich, dass die Artikel aus unterschiedlichen Jahrgängen zwar die gleichen Themen ansprechen, sie aber anders ausfüllen und anders bewerten. Das könnte allein mit der ebenfalls vorgenommenen Auszählung, die nach vorhandenen und nicht vorhandenen Merkmalen fragt, nur unzureichend ermittelt werden. Die nötige Offenheit auch

---

[41] Die Auswertung dieser quantitativen Daten wird mithilfe des Statistik-Programmes SPSS 15 vorgenommen.

für unerwartete oder schwer einzuordnende Textcharakteristika könnte fehlen (vgl. Lamnek 2005, S.508). Zudem sind viele Inhalte, Konnotationen oder Symbole in solchen Berichten kontextabhängig, weshalb sich hier ein qualitatives Vorgehen anbietet (vgl. Diekmann 2001, S.510f.). Diese Analyse soll ferner dabei helfen, sich der Gattung Homestory und ihren Eigenheiten bis in sprachliche Details zu nähern.

In der Literaturdiskussion wurde auf einige Entstehungsbedingungen, Eigenschaften und Funktionen hingewiesen, die solche Berichte über das Privatleben kennzeichnen könnten. Daraus wurden Leitfragen entwickelt, die die Analyse an jeden Text stellen soll. Sie legen der qualitativen Untersuchung eine Systematik zugrunde, die somit vorrangig deduktiv erstellt wurde (vgl. Mayring 2005, S.11). Nach Interessensgebieten geordnet lauten die Leitfragen:

Kontroll- und Kritikfunktion der Medien

Welches Maß an Kritik oder Affirmation findet ich in den Artikel?

Lassen sich insbesondere Anzeichen einer ‚Hofberichterstattung' erkennen?

Symbiose oder Instrumentalisierung

Wird Auskunft gegeben, wie der jeweilige Politiker die Berichterstattung über das Privatleben beurteilt oder warum er sie zulässt?

Was lässt sich über das Verhältnis zwischen Journalisten und Politikern aus den Berichten herauslesen? Wird im Text deutlich, wie kooperativ oder widerwillig ein Politiker in einer Homestory ‚mitspielt'?

Rollenverständnis und Kompetenzen

In welchen Rollen treten Politiker in den Artikeln auf? Wie ist das Verhältnis zwischen Amtsperson und Privatperson?

Werden Rückschlüsse oder Bedeutungsübertragungen von der privaten auf die politische Ebene – zum Beispiel anhand von beschriebenen Fähigkeiten, Talenten, Erfahrungen – vorgenommen?

Wertorientierte Inszenierung und Imagebildung
Welche Schlüsselbegriffe oder Stilmittel finden sich in den Berichten?
Welche Werte werden in den Artikeln betont bzw. dem Privatleben der
Politiker zugeschrieben?

4.4.5 Akteursorientierte Merkmale der Artikel

Schließlich muss noch die Forschungsfrage II(a) operationalisiert werden: Wer seine Privatsphäre präsentiert, ist dabei anhand mehrerer Merkmale festzuhalten. Dies dient einerseits dazu, die Grundgesamtheit näher zu beschreiben. Andererseits können akteursorientierte Merkmale auch die These von der zunehmenden Privatisierung stützen.

Wenn für jeden Artikel der Name des dargestellten Politikers notiert werden soll, erfordert dies genauere Anweisungen. Denn einige Homestories konzentrieren sich, wie bereits erwähnt, nicht auf die politischen Akteure selbst, sondern auf Personen aus deren privatem Umfeld. Solche Artikel stellen beispielsweise die Ehefrau oder die Mutter des Amtsträgers vor. In diesen Fällen soll trotzdem der Name des beteiligten, des ,dazugehörigen' Politikers im Codierbogen eingetragen werden. Es ist schließlich davon auszugehen, dass das Medieninteresse an diesen Figuren aus dem privaten Umfeld dadurch geweckt wurde, dass sie zu dem Politiker in einem engen Verhältnis stehen. Im Übrigen dürfte der Politiker sein Einverständnis zu dieser Form der Berichterstattung gegeben haben. Auf dem Codierbogen ist dann festzuhalten, dass es sich um keine ,klassische' Homestory, sondern um eine Variation handelt, die in der vorliegenden Untersuchung als „Umfeld-Homestory" bezeichnet wird. Die Annahme, die dahinter steht, lautet: Wenn sich das Interesse zunehmend auf Individuen aus persönlichen Umfeld richtet und diese immer häufiger gesondert vorgestellt werden, dann kann das ebenso für eine weitere Privatisierung der politischen Berichterstattung sprechen.

Zudem gilt: Wenn mehrere Politiker in einem Artikel vorgestellt werden – etwa als Doppelporträt eines Bruderpaars in der Politik oder zweier Kontrahenten in einer aktuellen Auseinandersetzung – so sind alle Namen der politischen Protagonisten zu notieren. Ebenfalls sollen für alle Politiker das Geschlecht sowie die Parteizugehörigkeit aufgenommen werden, um ein genaues Bild der Grundgesamtheit zu erhalten und Gruppenvergleiche zu ermöglichen.

In der ausgewerteten Forschungsliteratur gab es ferner eine Diskussion, inwiefern die Berichterstattung über das Privatleben jenen politischen Akteuren mit niedrigem Status zu einer größeren Bekanntheit verhilft. Die Auswertung der Homestories bezieht daher auch mit ein, auf welcher Ebene des politischen Geschäfts die Protagonisten der Artikel tätig sind. Der Status wird dabei auf dreistufigen Ordinalskala erhoben, die verschiedene politische Positionen gestaffelt nach ihrer Bedeutsamkeit aufführt.[42] Dabei umfasst die *Ebene 3* jene Politiker mit dem höchsten Status, also beispielsweise Staatspräsidenten oder Bundeskanzler. Als zweite Ebene gilt hauptsächlich die Landespolitik, ihr sind deshalb etwa Ministerpräsidenten zuzuordnen. Der niedrigsten Ebene sollen zum Beispiel alle Politiker zugerechnet werden, die lediglich ein ‚einfaches' Mitglied eines Parlaments sind oder gar kein Amt inne haben.

---

[42] Sicherlich ließe sich ausführlich darüber diskutieren, wie hoch der Status ist, den bestimmte Positionen mit sich bringen und ob nicht beispielsweise ein Ministerpräsident auf der gleichen Ebene agiert wie ein Bundesminister. Letztlich könnten für jede Kategorisierung Gegenargumente und -beispiele gefunden werden. Wichtig ist für die vorliegende Untersuchung vor allem, dass die Einteilungen für den gesamten Untersuchungszeitraum beibehalten werden und sich damit die Werte für einzelne Phasen vergleichen lassen.

5 Ergebnisse und Interpretation

5.1 Merkmale der Grundgesamtheit

Im Untersuchungszeitraum von 1948 bis 2007 wurden in den ausgewählten Zeitschriften 169 Politiker-Homestories veröffentlicht. Die Artikel umfassen durchschnittlich 1.247 Wörter bzw. 3,7 Seiten, wobei die Spannweite um die jeweiligen Mittelwerte erheblich ist. So haben einige Berichte eine Länge von nur einer Seite, andere erstrecken sich über 11,5 Seiten; einige Artikel umfassen lediglich 109 Wörter, andere mehr als 4.300.[43]

Von den ausgewerteten Homestories erschienen 126 Artikel in der *Bunten* und 43 Artikel im *Stern*. Die Homestories im *Stern* sind im Mittel ein wenig ausführlicher als jene in der *Bunten:* Der durchschnittliche *Stern*-Bericht umfasst 4,3 Seiten und rund 1.900 Wörter, während die *Bunte* den Geschichten im Schnitt 3,5 Heftseiten und etwas mehr als 1.000 Wörter widmet. Die *Bunte* setzt dafür stärker auf Bilder.[44]

Allerdings druckten diese Pressetitel in ihren ersten neun Jahrgängen ab 1948 keine Politiker-Homestories. Der früheste Bericht solcher Art findet sich erst im Januar 1957 in der *Bunten:* ein Besuch beim SPD-Politiker Thomas Wimmer, dem damaligen Münchner Oberbürgermeister.[45] Die Zahl der in den

---

[43] Freilich weisen die Kennzahlen für die Streuung der Werte keinen weiten Korridor aus. Die Mehrheit der Artikel bewegt sich in einem deutlich engeren Rahmen: Für die Variable Seitenanzahl ergibt sich eine Varianz von 1,83. Die große Mehrheit der Artikel umfasst also 2 bis 5,5 Seiten. Für die Variable Wörteranzahl beträgt die Standardabweichung 721,4. Folglich umfassen die meisten Artikel etwa 500 bis 2.000 Wörter.

[44] Eine *Bunte*-Homestory enthält im Mittel 6,3 Fotos; der *Stern* setzt pro Bericht durchschnittlich 4,6 Fotos ein.

[45] Eine Auflistung aller codierten Homestories mit Quellenangaben ist als Anhang B dieser Arbeit beigelegt.

Artikeln dargestellten Politiker übersteigt die Anzahl der Homestories, da in einigen Beiträgen, zum Beispiel in der Präsentation eines gesamten Kabinetts, mehrere Politiker gemeinsam auftreten. Insgesamt sind in den untersuchten Jahrgängen daher 195 Privatbesuche bei Politikern dokumentiert, 170 davon stellen Männer vor, 24 porträtieren Frauen.[46] Der Anteil der weiblichen Politiker, die in einer Homestory auftreten, beträgt somit 12,3 Prozent. Die erste Homestory, in der eine Frau als Politikerin im Mittelpunkt steht, druckte 1981 der *Stern*, als er die damalige norwegische Regierungschefin Gro Harlem Brundtland vorstellte.

Die Mehrzahl der dargestellten Politiker gehört, wie dem nachfolgenden Diagramm entnommen werden kann, der CDU/CSU an. Die großen Volksparteien SPD und CDU/CSU repräsentieren in der Studie mehr als zwei Drittel der Protagonisten, während auf FDP-Politiker 14 Prozent der Homestories entfallen. Angehörige der Grünen, der heutigen Linkspartei und ihrer Vorläufer sowie Politiker aus dem Ausland treten allesamt ähnlich selten auf. Die beiden Homestories, die auf die Kategorie „Sonstige" entfielen, stellen Politiker zweier Rechtsparteien, der DVU und der Republikaner, vor.

Die Dominanz der CDU- und SPD-Politiker im untersuchten Material legt den Schluss nahe, dass eher über Vertreter der Parteien in Regierungsverantwortung berichtet wird. Allerdings erscheint der Anteil der Homestories, die CDU-Politiker porträtieren, unverhältnismäßig groß, wenn man sich die bundesrepublikanische Parteiengeschichte vor Augen führt: Beispielsweise verteilt sich die Berichterstattung nicht im gleichen Verhältnis auf die beiden Parteien wie die Anzahl der Jahre, in denen SPD oder CDU an der Bundesregierung beteiligt waren.[47]

---

[46] Nur in 194 von 195 Fällen wurde den dargestellten Politikern ein Geschlecht zugewiesen. Eine Homestory des *Stern* behandelte 1998 die Geschlechtsumwandlung des PDS-Politikers Norbert Lindner, der sich zu diesem Zeitpunkt in einer Hormontherapie befand und unter dem Namen Michaela Lindner auftrat.

[47] Die CDU befand sich von 1949 bis 2007 insgesamt etwa 38 Jahre in einer Regierungskoalition bzw. in Alleinregierung, die SPD war in etwa 25 Jahren an der Bundesregierung beteiligt.

Abbildung 1: Parteizugehörigkeit der dargestellten Politiker (absolut)

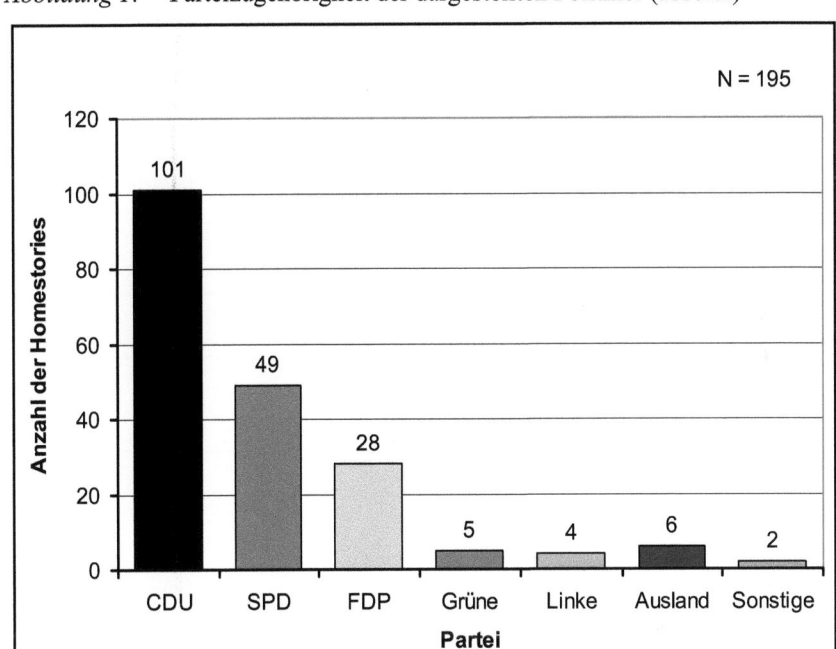

Betrachtet man, welche Politiker sich am häufigsten in Homestories zeigten, so lassen sich einige Vermutungen aus dem Theorieteil stützen: Personen, die den zitierten Autoren als Vertreter eines besonders offenen Umgangs mit dem Privatleben galten, finden sich hier an erster Stelle. Gerhard Schröder und Willy Brandt, denen ein neuer Stil in der politischen Inszenierung zugeschrieben wurde, haben den Reportern der ausgewählten Magazine tatsächlich am häufigsten die Tür zu ihrer Privatsphäre geöffnet. Gleichzeitig bleibt allerdings festzuhalten, dass es in jedem Jahrzehnt des Untersuchungszeitraumes bestimmte Politiker gab, die ihr Leben außerhalb des Amts besonders freizügig in der Öffentlichkeit präsentierten. Der Politikertypus, der solche Foren nutzt, ist also nicht ausschließlich ein Phänomen der letzten Jahre.

Tabelle 2:   Am häufigsten dargestellte Politiker (absolut)

	Politiker	Häufigkeit
1.	Gerhard Schröder (SPD)	8
2.	Willy Brandt (SPD) Wolfgang Schäuble (CDU)	7
4.	Monika Hohlmeier (CSU) Hans-Dietrich Genscher (FDP) Rudolf Scharping (SPD)	6
7.	Roman Herzog (CDU) Oskar Lafontaine (SPD/ WASG / Linke)	5
9.	Konrad Adenauer (CDU) Walter Scheel (FDP) Guido Westerwelle (FDP)	4

In der Auflistung der meistporträtierten Akteure sind all jene Parteien vertreten, die von Beginn an die Bundespolitik der BRD prägten. Offenbar gilt aber kein ausländischer Politiker den hiesigen Medien als interessant oder wichtig genug, um dem Publikum ähnlich häufig in einem Privatbericht präsentiert zu werden.[48]

5.2 Die zunehmende Präsenz des Privaten

5.2.1 Häufigkeit und Umfang der Homestories

Die ersten Homestories mit politischen Hauptfiguren druckten die analysierten Pressetitel – darauf wurde bereits hingewiesen – erst im Jahr 1957. Der Auslöser dafür war eindeutig politischer Natur: Die *Bunte* stellte damals, mitten im Bundestagswahlkampf, fast das gesamte Kabinett Konrad Adenauers in einer Folge

---

[48] Vielmehr blieben sämtliche sechs Homestories, die ausländische Politiker präsentierten, Einzelepisoden: Besuche bei Ezer Weizman, Gro Harlem Brundtland, Robert Kennedy, Ted Kennedy, Gerald Ford und Francois Mitterand. Keiner dieser Protagonisten wurde mehrfach in einem Privatbericht vorgestellt.

von Homestories vor.[49] In den späten 1950er Jahren kann also eine erste Zäsur in der politischen Kommunikation angesetzt werden. Der Zeitpunkt deckt sich mit den Vermutungen einiger vorgestellter Autoren, die aus dem Siegeszug des Fernsehens im Wahlkampf 1957 sowie aus demoskopischen Umfragen für diese Phase eine gewandelte mediale Präsentation herleiteten. Wie häufig Politiker-Homestories in den darauf folgenden Jahrzehnten gedruckt wurden, ist in der nachstehenden Abbildung festgehalten.

Abbildung 2: Veröffentlichte Homestories 1957-2007 mit Ausgleichsgerade

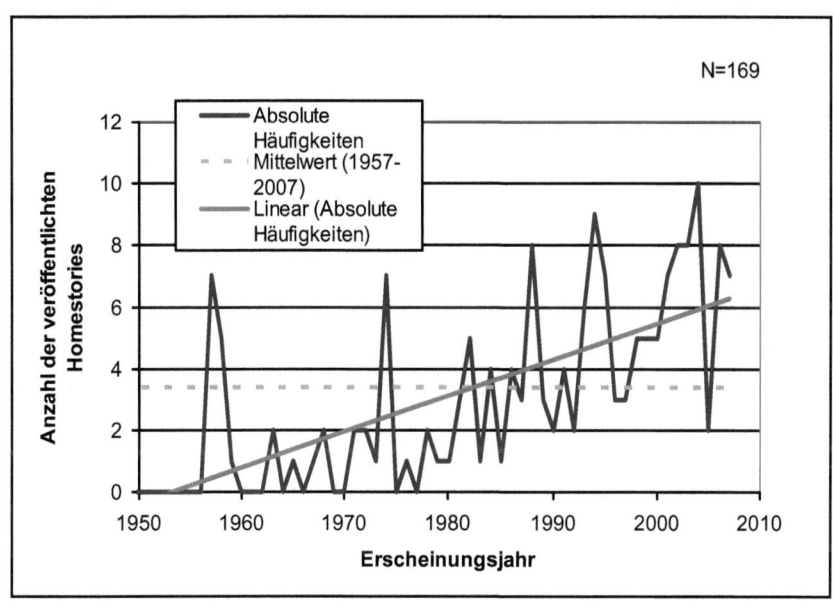

---

[49] Diese Folgen waren wiederum eingebettet in eine neue Serie, die die *Bunte* im Jahr 1957 startete: „Die Bunte Illustrierte zu Gast bei Prominenten" stellte, jeweils auf einer Doppelseite, nicht nur Politiker vor, sondern auch andere Größen der Zeit. Meist handelte es sich um Protagonisten aus der Film-, Fernseh- und Theaterwelt, aus dem Profisport, aus Kirche oder (Namens-)Adel. Die Reporter besuchten beispielsweise Hildegard Knef, Max Schmeling, Erich Kästner und Louis Ferdinand von Preußen. Die Serie lief im Jahr 1958 aus.

Die Hauptlinie des Trenddiagramms zeigt eine deutliche, wenn auch sehr sprunghafte Zunahme der Veröffentlichungen in den Jahren 1957 bis 2007.[50] Um die zusehends intensivere Berichterstattung grafisch zu veranschaulichen, wurde zum einen der Mittelwert aus dem gesamten Untersuchungszeitraum eingefügt, der bei 3,3 Berichten pro Jahr liegt. In der Abbildung ist zu erkennen, dass dieser Durchschnitt in den frühen Analysephasen nur selten übertroffen wird. Die Werte für die letzten Jahre übersteigen hingegen fast immer das arithmetische Mittel. Überdies wurde hier eine ausgleichende Gerade eingefügt, die den Einzelpunkten der Hauptlinie möglichst nah ist. Die Steigung dieser Linie gibt die gemittelte Zunahme im Zeitverlauf an.[51] Im Schnitt erhöhte sich die Zahl der Berichte jährlich um 0,12.[52]

Die nachfolgende Grafik, die die Berichterstattung für die jeweiligen Pressetitel aufschlüsselt, zeigt zudem: Die Zunahme an Privatberichten kann in beiden untersuchten Pressetiteln beobachtet werden, wobei die *Bunte* größere Zuwächse verzeichnet als der *Stern*. Grundsätzlich bleibt festzuhalten: Auch dieses Ergebnis stützt klar die Privatisierungsthese. Die untersuchten Medien druckten im Zeitverlauf immer mehr Homestories mit politischen Protagonisten. Das zunehmende Interesse für das Privatleben der Politiker ist damit nicht zurückzuführen auf die Themensetzung einer einzelnen Redaktion, sondern entspricht einem größeren Trend.

---

[50] Dieser Zusammenhang sowie auch nachfolgende Je-desto-Hypothesen werden mit den Mitteln der Analysis geprüft, da es sich bei der vorliegenden Untersuchung um eine Vollerhebung handelt, für die nach der gängigen Methodenlehre keine inferenzstatistischen Verfahren, also zum Beispiel Korrelationsanalysen, durchgeführt werden dürfen. Zu dieser Sichtweise existieren jedoch auch abweichende Meinungen (vgl. Broscheid/ Gschwend 2005, Behnke 2005, Behnke/ Behnke 2006).

[51] Die Approximation durch einen ausgleichenden Graphen beruht darauf, dass die berechnete Gerade im Mittel die kleinsten quadrierten Abweichungen zu den Punkten der Hauptlinie aufweist.

[52] Im gesamten Verlauf über die abgebildeten Jahrgänge addiert sich das jährliche Mittel zu einer Gesamtzunahme um 6,12 Berichte.

Abbildung 3: Anzahl der pro Untersuchungsmedium veröffentlichten
Homestories 1957-2007

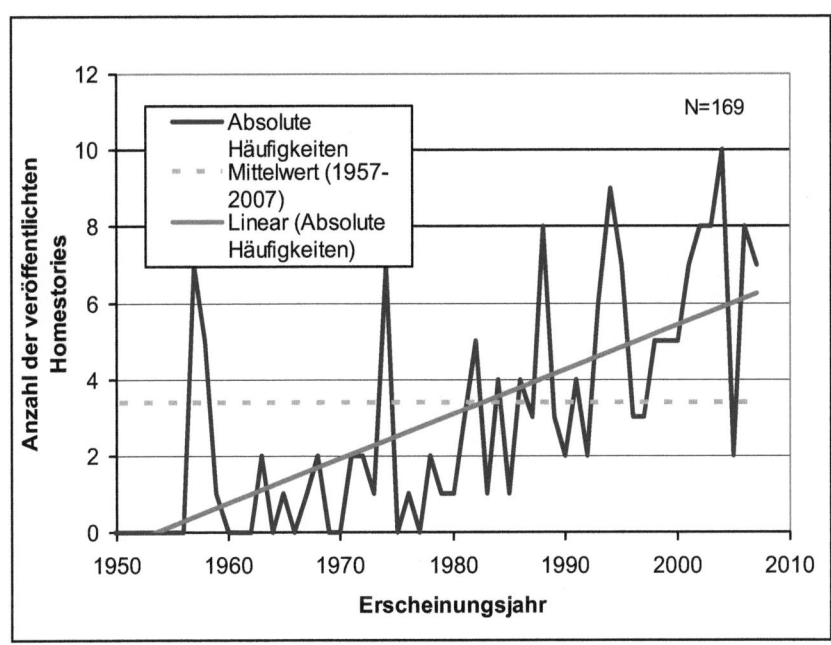

Doch welche Einschnitte lassen sich, neben der bereits für das Ende der 1950er
Jahre angesetzten Zäsur, aus den Daten erkennen? Hilfreich ist es, hierzu die
Jahrgänge zu gruppieren und ihre Werte zusammenzufassen. In der folgenden
Abbildung wurden daher für Fünfjahresintervalle alle Veröffentlichungen im
jeweiligen Zeitraum addiert:[53]

---

[53] In der Gruppierung wurde darauf verzichtet, das Jahr 2007 einer Phase zuzuordnen, da sonst für
einen Zeitraum von 51 Jahren keine Einteilung in Fünfjahresintervalle möglich gewesen wäre.

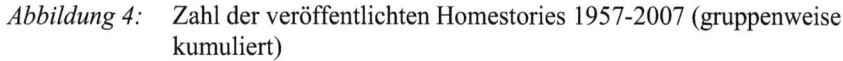

Abbildung 4:   Zahl der veröffentlichten Homestories 1957-2007 (gruppenweise
kumuliert)

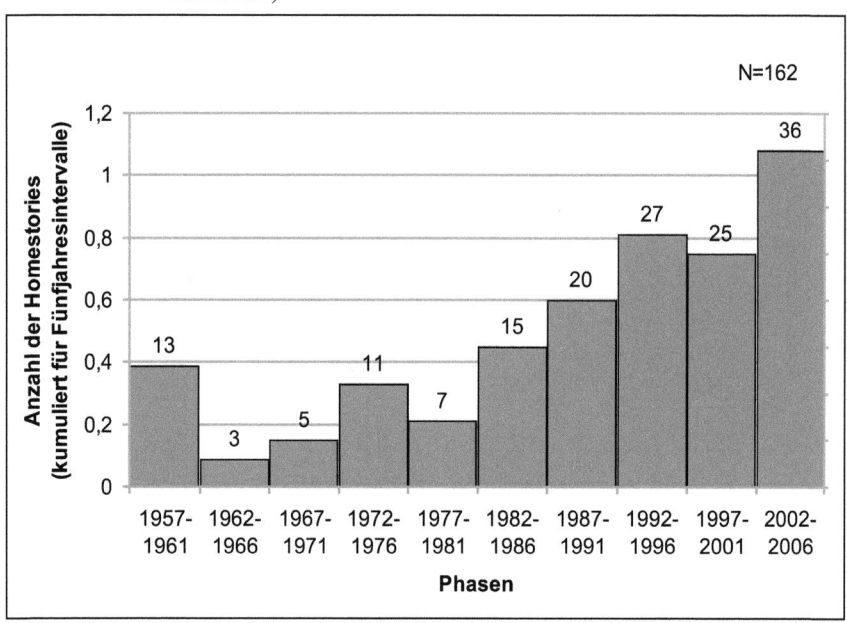

Recht deutlich ist zunächst der Anstieg in den letzten Jahren des Untersuchungszeitraums: Die Zahl der veröffentlichten Artikel nimmt zwischen der
neunten Phase (1997 bis 2001) und der darauffolgenden letzten Phase um elf
Beiträge zu. Das Ergebnis kann als ein Hinweis darauf gewertet werden, dass es
mit der „Berliner Republik" tatsächlich zu einer gewandelten politischen Kommunikation gekommen ist. Einen großen Zuwachs verzeichnet das Diagramm
auch in den frühen 1980er Jahren, was wiederum die These stützen könnte, dass
sich auch die Einführung des Privatfernsehens auf die Berichterstattung über das
politische Personal ausgewirkt hat. Da die Werte in der ersten Hälfte des Untersuchungszeitraum jedoch stark schwanken und bis dort kein Trend erkennbar ist,
liefert das Material gerade für die frühen Phasen nur wenig überzeugende Argu-
mentationshilfen, wenn es darum geht, weitere Zäsuren zu ermitteln.

Da fast alle dargestellten Akteure der bundesdeutschen Politik zuzurechnen sind, erscheint ebenfalls der Blick auf Zusammenhänge zwischen Wahlkampfkommunikation und der Berichterstattung über das Private sinnvoll.

Abbildung 5: Zahl der veröffentlichten Homestories und Wahljahre im Bund 1957-2007

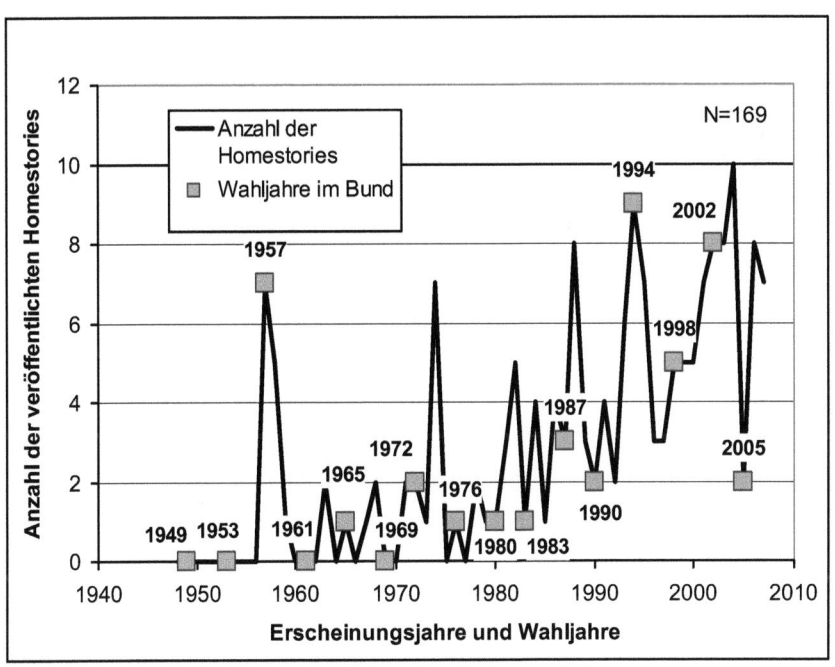

Der Frage, ob Wahlkampfphasen zugleich Phasen besonders intensiver Berichterstattung sind, kann man sich mit den hier erhobenen Daten freilich nur annähern.[54] Im oben stehenden Diagramm wurden dafür zusätzlich die Wahljahre auf

---

[54] Zahlreiche dargestellte Politiker agieren vornehmlich auf der Landes- oder Kommunalebene. Alle dort durchgeführten Wahlen in einem Diagramm abzutragen, wäre, nicht nur aus Gründen der Übersichtlichkeit, wenig sinnvoll. Ebenso kann aus den Homestories nur selten herausgelesen werden, ob

Bundesebene eingefügt (vgl. Korte 2005). Die Darstellung liefert erste Hinweise darauf, dass eine intensive Berichterstattung über das Privatleben von Politikern nicht nur anlässlich großer Wahlkämpfe erfolgt. Zwar finden sich einige Spitzen im Zeitverlauf in wichtigen Wahljahren, etwa im „Superwahljahr" 1994 oder der bereits erwähnten Kampagne von 1957. Jedoch liegen andererseits zahlreiche Maximalwerte, etwa die umfangreiche Berichterstattung im Jahr 2004, außerhalb der hier angegebenen bundespolitischen Wahlkämpfe. Als Fazit kann festgehalten werden: Untersuchungen, die, wie einige der oben erwähnten Studien, lediglich Wahlkampfzeiten oder sogar nur bundesweite Kampagnenphasen betrachten, taugen für die Prüfung der Privatisierungsthese kaum – es sei denn, sie setzen sich explizit mit Kampagnenstrategien auseinander. Um aber einer insgesamt veränderten politischen Kommunikation nachzuspüren, sollte eher nicht auf solche phasenweise beschränkten Stichproben zurückgegriffen werden.[55]

Im Hinblick auf die Länge der einzelnen Homestories ergibt sich kein eindeutiges Bild. Zwar umfassten die Berichte, wie den nächsten beiden Grafiken zu entnehmen ist, im Schnitt immer mehr Wörter, jedoch hat sich die Seitenanzahl, die solchen Artikel gewidmet wird, im Zeitverlauf kaum verändert. Dementsprechend nähert sich in der dazugehörigen Abbildung auf der nächsten Seite die Ausgleichsgerade, die in das Grafikfeld gelegt wurde, stark einer Parallele zur x-Achse an. Die Seitenzahl der Berichte hat im Mittel jährlich um 0,01 Seiten abgenommen, woraus sich im Verlauf der fünf Jahrzehnte eine minimale Gesamtabnahme von 0,5 Seiten ergibt.

---

ein Wahlkampf Anlass für die Berichterstattung war. Hier geriete die Untersuchung zumeist ins Spekulieren.
[55] Hätte beispielsweise die vorliegende Untersuchung nur Berichte aus den markierten Wahlkampfphasen einbezogen, so wäre keine deutliche Zunahme solcher Artikel erkennbar gewesen.

Abbildung 6:   Seitenzahl der Homestories 1957-2007 im Jahrgangsmittel

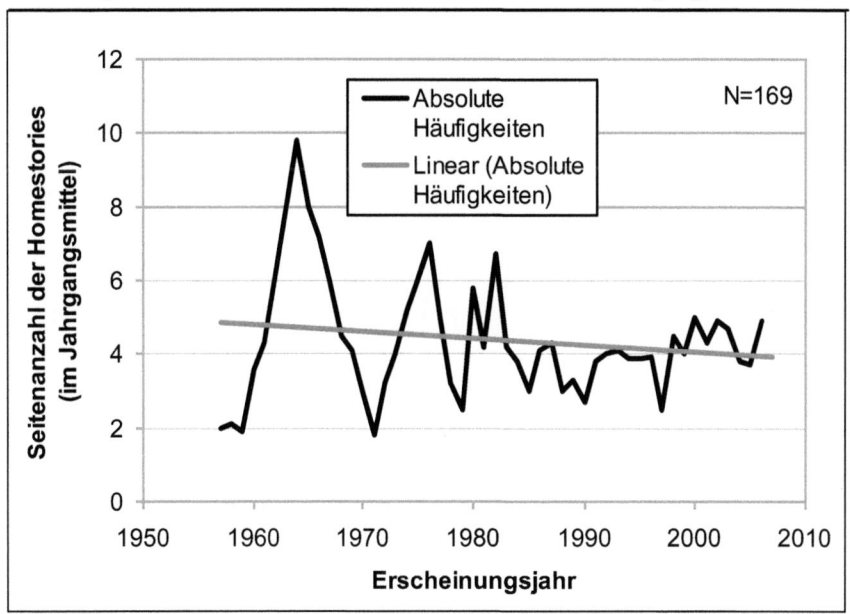

Obgleich den Berichten in den Zeitschriften also nicht mehr Seiten gewidmet wurden, hat sich die Wörterzahl im Zeitverlauf erhöht: mit jedem Jahrgang im Mittel um 13,8 Wörter.[56] Über die nachfolgend abgebildeten 51 Jahrgänge hinweg bedeutet das insgesamt im Mittel eine Zunahme von rund 700 Wörtern. Die Unterhypothese, die im Zeitverlauf von immer umfänglicheren Privatberichten ausging, lässt sich dementsprechend zumindest teilweise aufrecht erhalten.

---

[56] Für diese, im Doppeldiagramm links abgebildete Gerade ergibt sich folglich ein Anstieg von   m = 0,13. Dass die Wörteranzahl trotz leicht sinkender Seitenzahl gestiegen ist, mutet zunächst etwas paradox an. Erklärt werden könnte dieses Ergebnis nach der Durchsicht des Materials zum einen damit, dass die Magazine immer weniger ‚Freiräume', also leere Seitenbereiche, beinhalten. Zum anderen kann auch vermutet werden, dass die Foto- und Schriftgrößen im Laufe der Zeit abgenommen haben.

Abbildung 7:   Wörteranzahl der Homestories 1957-2007 im Jahrgangsmittel

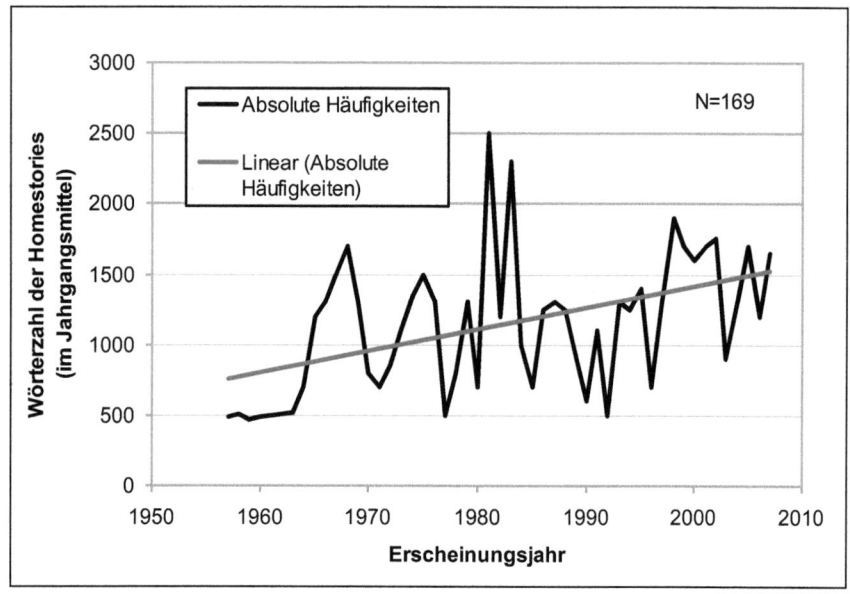

Untersucht wurde auch, wie sich der Umfang der Politiker-Homestories zur jährlichen Gesamtseitenzahl der beiden Magazine verhält: Widmeten die Zeitschriften immer größere Heftanteile den Berichten über Politiker als Privatmenschen? Im nachstehenden Diagramm ist zunächst erkennbar, dass sich der
Heftumfang der beiden Titel, *Bunte* und *Stern,* bis in die 1980er Jahre hinein
recht kontinuierlich erhöhte[57]. Danach blieb er, mit einigen Schwankungen, bei
der *Bunten* in etwa auf gleichem Niveau. Der Heftumfang des *Stern* ist sogar
leicht zurückgegangen.

---

[57] Während beispielsweise die *Bunte*-Hefte in ihrem ersten Jahrgang 1948 insgesamt etwa 400 Seiten
umfassten, hatte sich diese Anzahl in den 1960er Jahren verzehnfacht. In den 1980ern näherte sich
der jährliche Gesamtumfang fast 10.000 Seiten an. Zugunsten der Übersichtlichkeit wurde in der
Grafik darauf verzichtet, alle Jahreswerte einzutragen.

Abbildung 8: Heftumfang von *Stern* und *Bunte* ab 1948 (jahrgangsweise kumuliert)

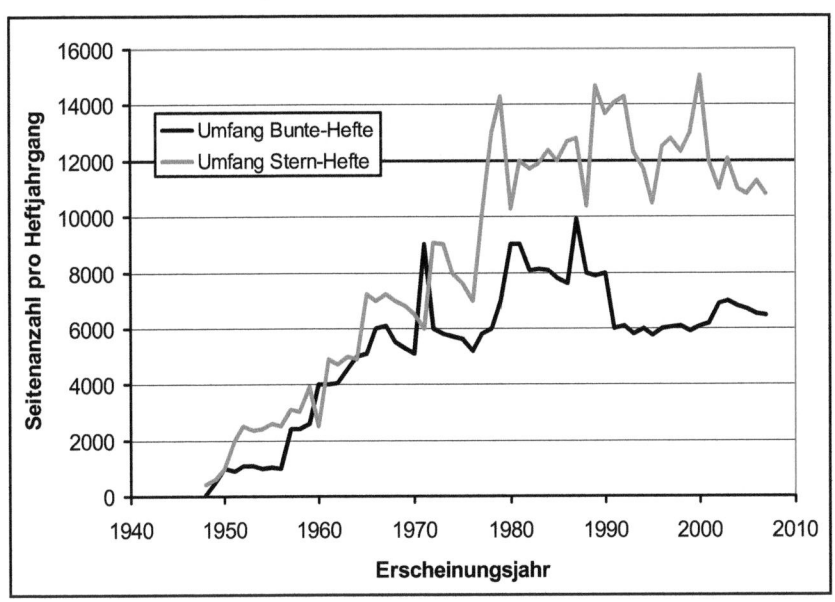

Zu fragen bleibt nun, ob der Anteil der Politiker-Homestories an den gesamten Heften sich im Laufe der Jahrzehnte ebenfalls erhöht hat. In der nächsten Grafik ist deshalb abgetragen, welchen prozentualen Anteil die so gefüllten Seiten an der Gesamtseitenzahl pro Jahr haben. Sie zeigt, dass dieses Verhältnis im Zeitverlauf zwar stark schwankt, insgesamt aber in den Magazinen kein starker Trend erkennbar ist, die Themenmischung – zum ‚Nachteil' anderer Inhalte – stärker auf das Privatleben von Politikern zu konzentrieren. Vielmehr haben die beiden Magazine insgesamt den Umfang ihrer Berichterstattung ausgeweitet. Im Rahmen dieser Zunahme wurden dann auch immer mehr Politiker-Homestories gedruckt – ebenso wie wahrscheinlich viele andere Themen und Gattungen im

Laufe der Jahre stärker Beachtung fanden.[58] Die Berichterstattung über das Privatleben von Politiker ist, so könnte man annehmen, eingebettet in einen allgemeinen medialen Trend hin zu einem immer größeren Angebot aus der Sparte „Gesellschaftsjournalismus", wie ihn beispielsweise *Stern* und *Bunte* verstehen. Diese These ließe sich jedoch mit einem Blick auf die ökonomischen Erfolge einzelner Zeitschriftensektoren sicher genauer untersuchen.

Abbildung 9:   Anteil der Politiker-Homestories am jährlichen Heftumfang 1948-2007

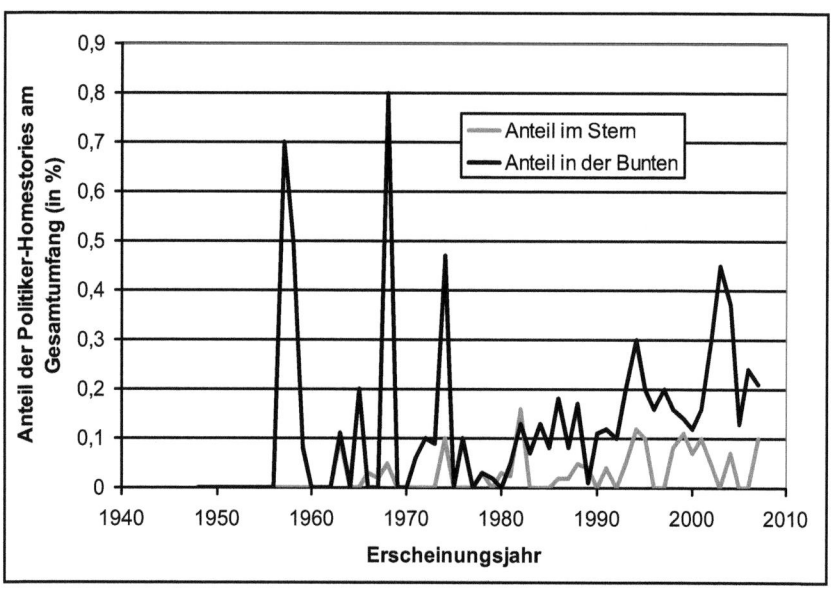

[58] Beachtenswert ist immerhin, dass hier viel stärker der Einfluss von bundesweiten Wahlkämpfen und Wechseln an der Regierungsspitze ablesbar ist. Die größten Ausschläge im Diagramm finden sich in den Wahljahren 1957, 1994 und 2002 sowie 1974, als Willy Brandt durch Helmut Schmidt abgelöst wurde.

5.2.2 Thematische Merkmale der Artikel

Neben den eher formalen Kategorien, die die Privatisierungsthese bestärken, können auch inhaltliche Merkmale angeführt werden, um diese Annahme zu stützen. So behandeln die untersuchten Homestories im Zeitverlauf immer mehr Bereiche des persönlichen, des rollenfernen Lebens ihrer Hauptfiguren – oder bildlich gesprochen: Die Politiker machen die Tür zu ihrem Privatleben nicht nur immer häufiger, sondern auch immer weiter auf.

Abbildung 10: "Privatheit" der veröffentlichten Homestories 1957-2007 im Jahrgangsmittel

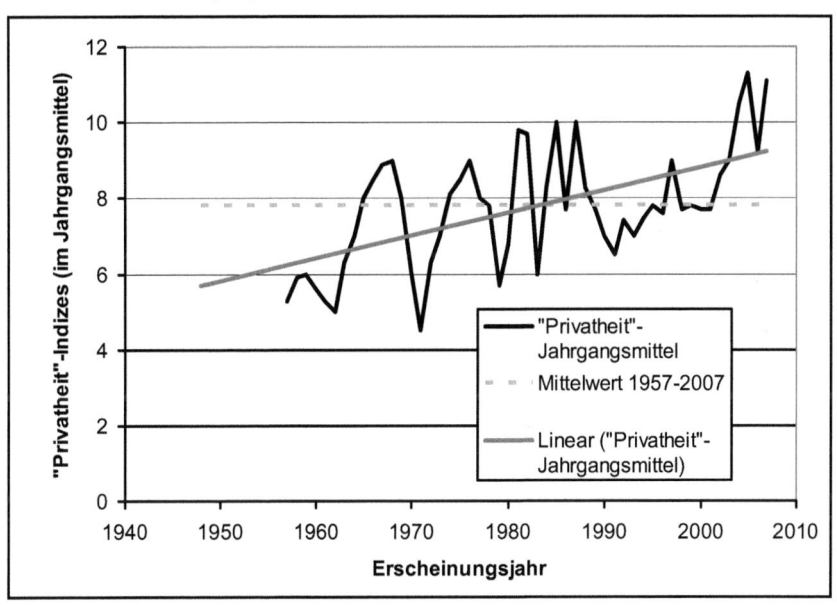

Das oben abgebildete Diagramm zeigt auf, wie sehr sich die einzelnen Berichte auch im Jahrgangsmittel hinsichtlich der Behandlung des Privatlebens unter-

scheiden.[59] Aufgrund des unruhigen Kurvenverlaufs wurde auch hier eine aus-
gleichende Gerade eingefügt, die in ihrem Anstieg die mittlere Zunahme der
„Privatheit"-Indizes im Zeitverlauf angibt. Mit jedem Jahrgang steigt dieser
Kennwert der Berichte um durchschnittlich 0,07 Punkte, was sich im gesamten
Untersuchungszeitraum zu einer Zunahme um 3,3 Indexpunkte addiert. Der
Mittelwert aus allen analysierten Jahrgängen beträgt etwa acht Punkte; er wurde
ebenfalls im Diagramm abgetragen, um die Verteilung am arithmetischen Mittel
zu teilen. Damit ist zusätzlich abzulesen, dass die Berichte aus frühen Jahrgänge
in Bezug auf ihre hier gemessene „Privatheit" meist unterhalb des Durchschnitts
blieben. Seit der Jahrtausendwende hingegen übertreffen die gemittelten Indizes
den Gesamtdurchschnitt – und das zumeist erheblich.

Eine Auswertung nach einzelnen Inhaltsbereichen, die im nächsten Bild
vorgenommen wird, macht zudem deutlich, dass einige Themen in den Artikeln
fast immer angesprochen werden und damit zum festen Repertoire gehören,
wenn Politiker ihr Privatleben öffentlich machen. Dazu zählt beispielsweise der
Auftritt des (Ehe-)Partners, der Bestandteil in 90 Prozent der Berichte ist. Ebenfalls häufig anzutreffen sind Auskünfte über favorisierte Hobbies sowie über
Stil- und Geschmacksfragen aus den Bereichen Kleidung oder Wohnen. Andere
Themen – vor allem skandalträchtige Inhalte und damit potentielle Negativ-
schlagzeilen – spielen dagegen in den Homestories eine untergeordnete Rolle.

---

[59] Die recht große Spannweite reicht von einem minimalen Indexwert von zwei Themenbereichen bis
hin zu sehr privaten Berichten, die über 14 Faktoren Auskunft geben.

Abbildung 11: Prozentuale Häufigkeit einzelner Teilbereiche des Privatlebens in den Homestories

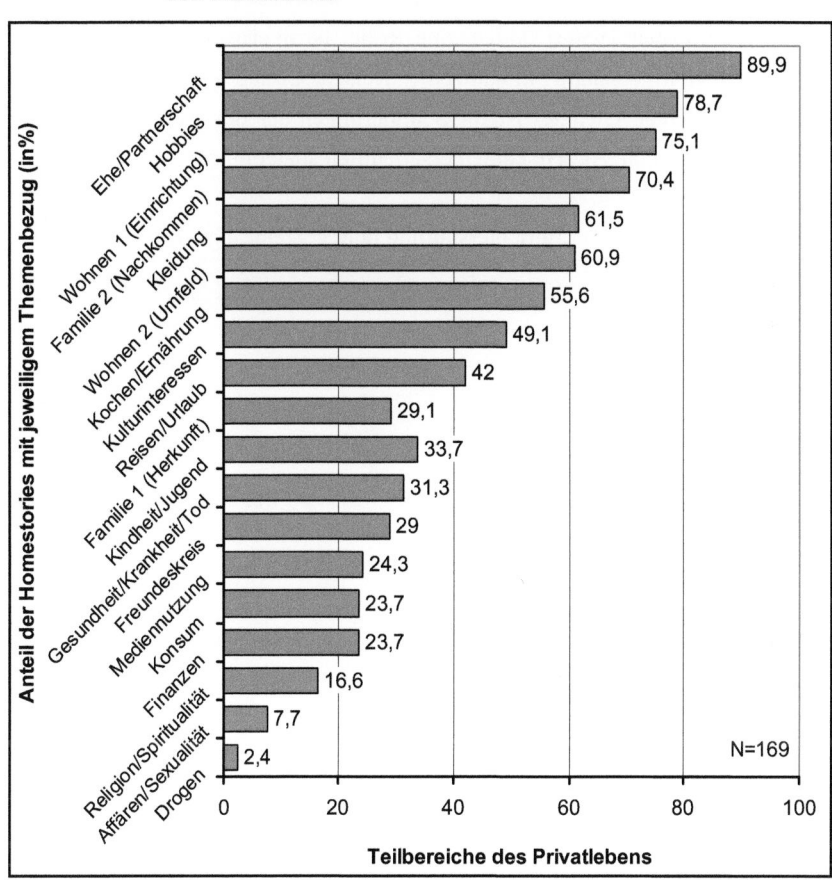

Ordnet man darüber hinaus die einzelnen Bereiche der Privatsphäre danach, wann sie im Laufe des Untersuchungszeitraums zum ersten Mal in den Artikeln auftreten, so lässt sich erkennen, über welche Themen schon seit Jahrzehnten berichtet wird und welche Fragen erst die jüngeren Berichte einbeziehen. Um solche Unterschiede zu veranschaulichen, wurde in der nachfolgenden Abbildung der Zeitpunkt der erstmaligen Behandlung für jedes Themengebiet eingefügt. Es zeigt sich: Etliche Bereiche des Privatlebens spielten schon in Artikeln aus den späten 1950er Jahren eine Rolle, beispielsweise wurde über die Themen „Ehe/Partnerschaft", „Finanzen", „Reisen/ Urlaub" oder „Hobbies" von Beginn an berichtet. Gleiches ist für Schilderungen aus den Bereichen Familie und Wohnen gegeben. Andere kamen erst deutlich später hinzu.

Abbildung 12: Erstmalige Berichterstattung über einzelne Themenbereiche 1957-2007

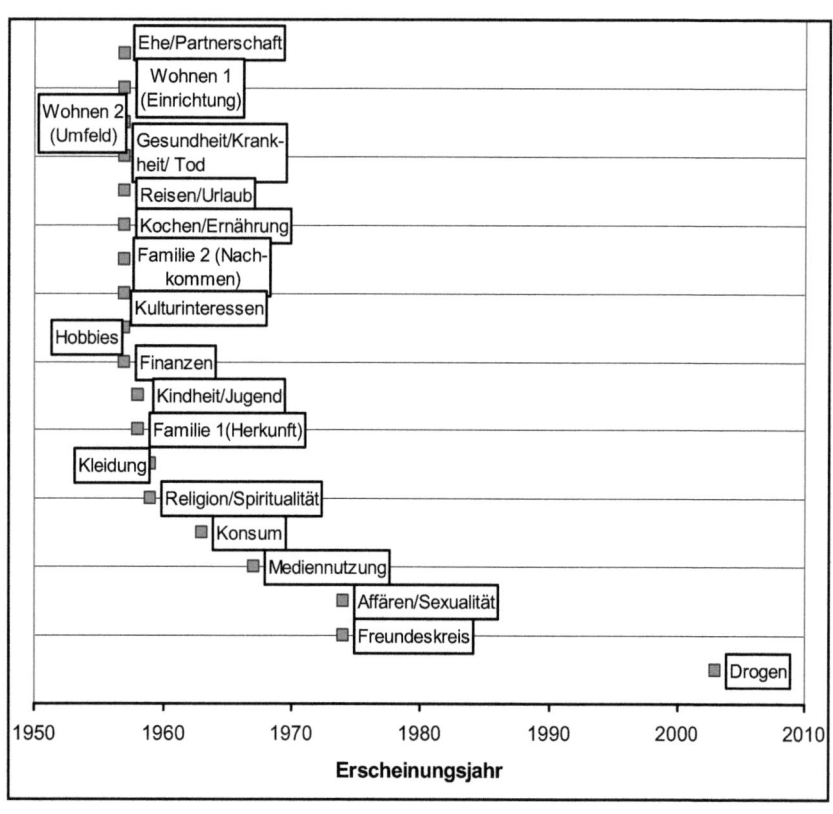

Zu jenen Teilen der Privatsphäre, über die erst jüngere Politikergenerationen sprechen oder die erst heutige Journalistengenerationen abfragen, gehören die Mediennutzung sowie der Freundeskreis eines Akteurs. Themen mit Sensations- oder Konfliktpotential, nämlich Drogenkonsum sowie Affären oder Sexualität, werden weitaus seltener behandelt. Es handelt sich zudem um ein Phänomen aus den letzten Jahren. Noch etwas genauer lassen sich die Themen analysieren, wenn man den Medianwert, in den jede Homestory einfließt, dafür nutzt.

Abbildung 13: Themenbereiche mit jeweiligen Medianwerten

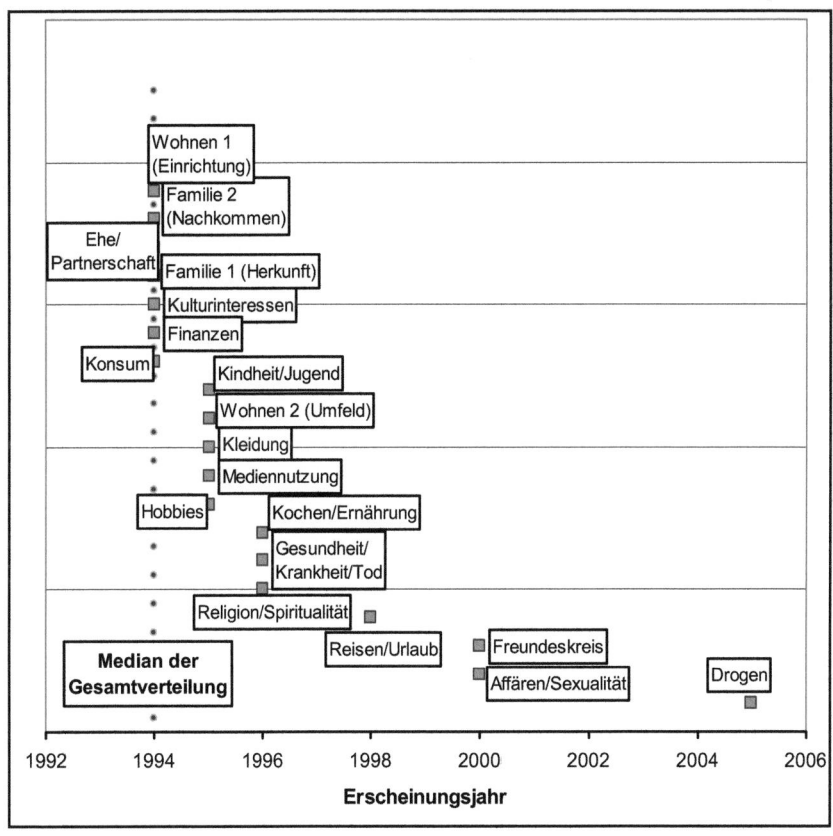

Das obige Diagramm liefert weitere Anhaltspunkte dafür, wie die Berichterstattung über einzelne Themen im Untersuchungszeitraum verortet werden kann.[60] Teilweise stimmt der spezifische Median einiger Themendimensionen mit dem Medianwert aus der Grundgesamtheit der Studie überein. Daraus kann geschlossen werden, dass diese Themenkurven etwa für die Bereiche „Familie", „Kulturelle Interessen" oder „Finanzen" dem weiter oben in Abbildung 2 dargestellten Gesamtverlauf der Berichterstattung ähneln: Beide Verteilungen haben den gleichen Startpunkt und die gleiche „Mitte". Die Berichterstattung über diese Themen konzentriert sich also nicht auffallend am Beginn oder am Ende des Untersuchungszeitraums.

Andere Aspekte des Privatlebens, etwa Urlaub, Ernährung, Gesundheit oder Religion kamen ebenfalls schon in frühen Politiker-Homestories zur Sprache, wie Abbildung 12 zeigte. Aus ihrem vergleichsweise höheren Medianwert kann jedoch abgelesen werden, dass über diese Themen heute intensiver berichtet wird. Zum Beispiel erfahren die Leser in den Homestories der letzten Jahre häufiger etwas über die Mediennutzung, die Urlaubsgestaltung, den Freundeskreis oder das religiöse Bekenntnis der Politiker.

In diesem Diagramm bestätigt sich zudem, was bereits für die erstmalige Berichterstattung über einzelne Themen festgehalten wurde: Auch über „Drogen" sowie „Affären/ Sexualität" zu berichten – und damit über teils normverletzendes Verhalten – wurde erst in den letzten Jahren zu einem üblichen Teil der Darstellung. Damit könnten die jüngsten Homestories ein höheres Sensationspotential entwickelt und zu einem größeren Medienecho geführt haben. Womöglich ist auch dieser Umstand dafür verantwortlich, dass in der öffentlichen Klagen über solche Formate stets von einer Inflation der Privatberichte die Rede ist.

---

[60] Für diese Auswertung wurde der Median als Maß der zentralen Tendenz herangezogen, da er für ‚Ausreißer' weniger anfällig ist als das arithmetische Mittel (vgl. Behnke/ Behnke 2006, S.124-127; vgl. Bortz 1999, S.214). Die Eigenschaft ist hier von großer Bedeutung, weil in einigen Themenbereiche nur wenige Fälle vorliegen, aus denen dann eine ‚Mitte' berechnet werden sollte.

Sehr unterschiedlich gehen die Homestories, bei denen ja eigentlich das Private im Zentrum steht, mit dem Thema „Politik" um.[61] Von den drei Abstufungen, die in der vorliegenden Arbeit unterschieden werden, trifft das Merkmal „keine Thematisierung" auf ein Viertel der Artikel zu. Sie nennen lediglich Namen, Partei und teilweise noch die Position des vorgestellten Akteurs. Etwa 39 Prozent der Berichte befassen sich in knapper Form mit Politik und weisen zum Beispiel auf aktuelle Entwicklungen oder Wahlkämpfe hin, ohne diese ausführlich zu thematisieren. Das Privatleben steht bei diesem Artikeltyp weiterhin klar im Vordergrund. Dagegen behandeln rund 36 Prozent der Homestories ausführlich politische Ereignisse, Trends oder Konflikte. Dem Leser wird in diesem Artikeln neben den privaten Einblicken zugleich eine Fülle politischer Informationen dargeboten. Beispielhaft sei hier auf einen 1980 von *Stern*-Reportern festgehaltenen Besuch beim israelischen Politiker Ezer Weizman hingewiesen. Der Artikel behandelt private Fragen aus dem Leben Weizmans, geht aber auch in langen Passagen auf die Konflikte zwischen Israelis und Palästinensern ein und gibt die Entwicklung seit den frühen 1950er Jahren wieder.[62]

Fasst man die Artikel phasenweise zusammen, dann ist zu erkennen, dass vor allem die Zahl der Homestories, die ausführlich über Politik berichten, zugenommen hat. Wie oft die drei Abstufungen, die den politischen Gehalt angeben, den Artikeln zugeordnet wurden, ist nachfolgend gesondert ausgewiesen.[63]

---

[61] Anzumerken bleibt jedoch, dass sich diese Unterschiede teils auf die Eigenarten der beiden untersuchten Zeitschriften zurückführen lassen: Artikel im *Stern* haben zumeist einen höheren politischen Gehalt als jene in der *Bunten*. So berichten mehr als die Hälfte der *Stern*-Artikel ausführlich über dieses Thema, in der *Bunten* befassen sich weniger als ein Drittel der Homestories so intensiv mit Politik. Unter den *Bunte*-Artikeln sind dagegen 31 Prozent dem oben beschriebenen ersten Typus zuzuordnen, der lediglich die „Basisdaten" des Protagonisten nennt, aber seine politische Tätigkeit oder sonstige Entwicklungen in diesem Feld nicht erwähnt.
[62] Quellenangaben zu den Artikeln finden sich auf einer nach Pressetiteln sortierten Liste als Anhang II. Bei dem erwähnten Bericht handelt es sich um Homestory Nr.7 aus der *Stern*-Liste.
[63] Die Werte für das Jahr 2007 wurden nicht in der Grafik verarbeitet, da sonst die Bildung von Fünfjahresintervallen für den fraglichen Zeitraum nicht möglich gewesen wäre.

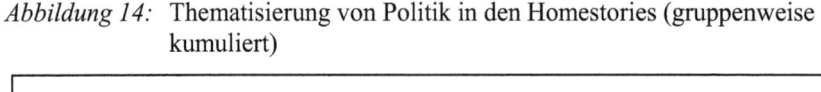

Abbildung 14: Thematisierung von Politik in den Homestories (gruppenweise kumuliert)

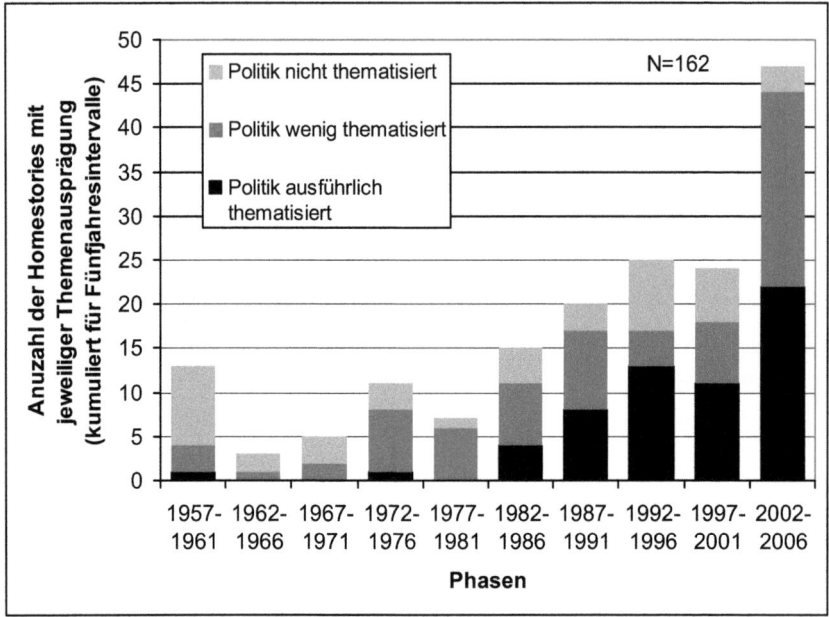

Ein Artikel aus den frühen Phasen befasst sich typischerweise gar nicht oder nur in geringem Maße mit dem politischen Geschehen. Diese Homestories sind Privatberichte in ,Reinform'; im Fokus steht bei ihnen klar das Persönliche, nicht das Politische. Beide Sphären werden getrennt. Für die letzten Jahre ergibt sich ein anderes Bild: Weiter oben wies die vorliegende Studie bereits aus, dass die Artikel im Zeitverlauf immer größere Teile des Privatlebens behandeln (siehe „Privatheit"-Indizes). Erstaunlich ist nun, dass zugleich häufiger Berichte mit hohem politischen Gehalt veröffentlicht wurden. Die heutige Berichterstattung, so könnte eine Erkenntnis der Untersuchung lauten, vermischt immer stärker sehr private Inhalte mit ausführlichen politischen Informationen.

5.2.3 Bebilderung

Eine weitere Unterhypothese, die aus der vermuteten Privatisierung abgeleitet wurde, bezieht sich auf die Verwendung von Privatfotos in den Artikeln. Im Falle einer Zunahme könnte auch hier auf immer intimere oder persönlichere Berichte geschlossen werden, die ihrem ‚Objekt' beständig näher kommen. Zunächst erfolgt der Blick auf die Verwendung von Fotos allgemein, dann die nähere Analyse, wie sich die Bebilderung mit Privatfotos entwickelt hat.

Abbildung 15: Fotos in den Homestories 1957-2007

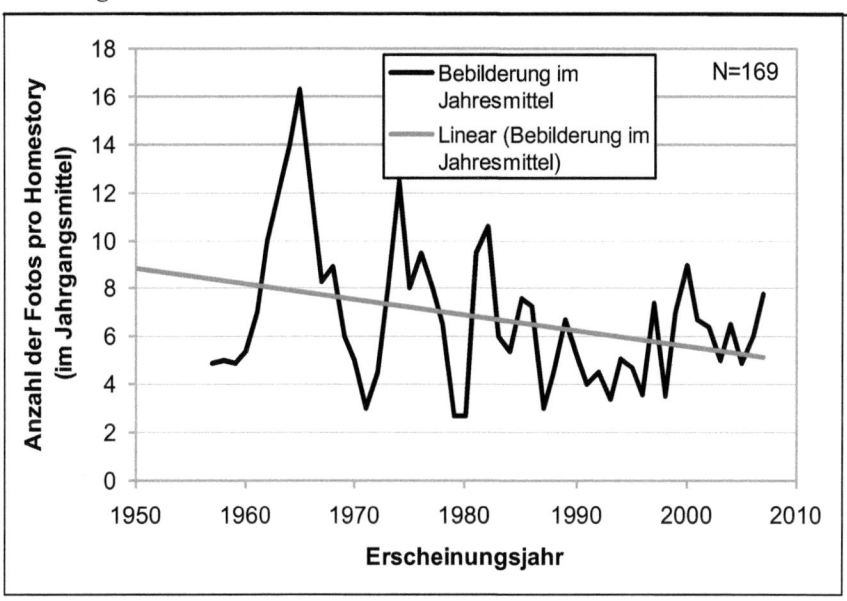

Abbildung 16: Privatfotos in den Homestories 1957-2007

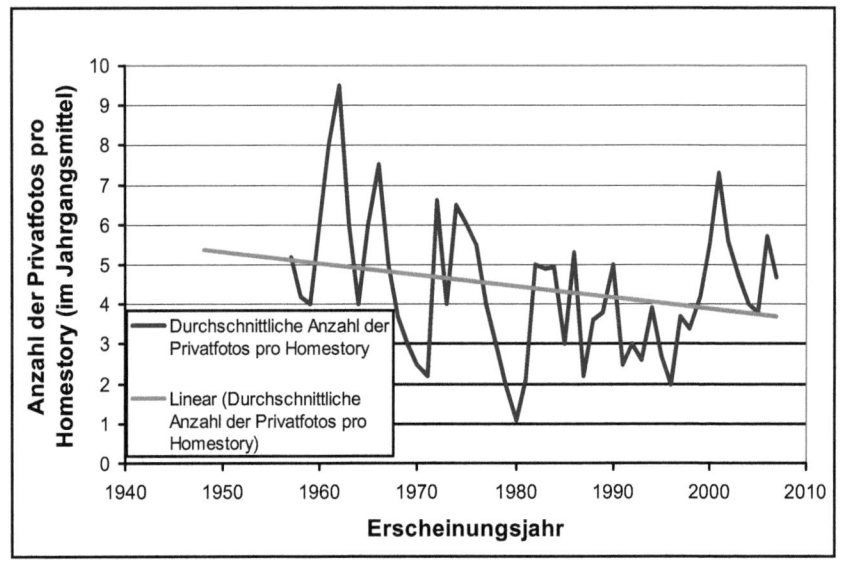

Der Kurvenverlauf in den Diagrammen verdeutlicht, wie unterschiedlich die einzelnen Berichte über den gesamten Untersuchungszeitraum hinweg Bilder verwendeten. Manche Zeitschriftenbeiträge beinhalten mehr als 20 Fotos insgesamt oder mehr als zehn Privatfotos. Andere kommen mit einem Bild aus.[64] Jedoch zeigt sich, dass der Einsatz von Fotos in den einzelnen Zeitschriften-Strecken nur wenig vom Zeitpunkt der Veröffentlichung abhängt. Lediglich ein schwach ausgeprägter negativer Zusammenhang ist hinsichtlich der Verwendung von Fotos erkennbar. Die eingefügten Ausgleichsgeraden veranschaulichen diese Abnahme für beide Merkmale. Die Gesamtanzahl der Fotos insgesamt sinkt mit jedem Jahr durchschnittlich um 0,07 Bilder. Im Mittel druckten die Zeitschriften

---

[64] Im Mittel druckten die untersuchten Titel 5,9 Fotos pro Bericht, davon waren durchschnittlich 4,4 Bilder privater Natur.

in ihren Bericht zudem jährlich 0,03 Privatfotos weniger.[65] Das Ergebnis widerspricht somit der eingangs formulierten Hypothese: In der Bebilderung ist mit den hier gemessenen Kennwerten kein zunehmendes Maß an „Privatheit" der Berichte erkennbar. Dieses Fazit ergibt sich folglich auch, blickt man auf die prozentualen Anteile, die die Privatfotos in den verschiedenen Jahrgängen an der Gesamtzahl der Bilder hatten.

Abbildung 17: Anteil der privaten Fotos an der Gesamtzahl der Bilder

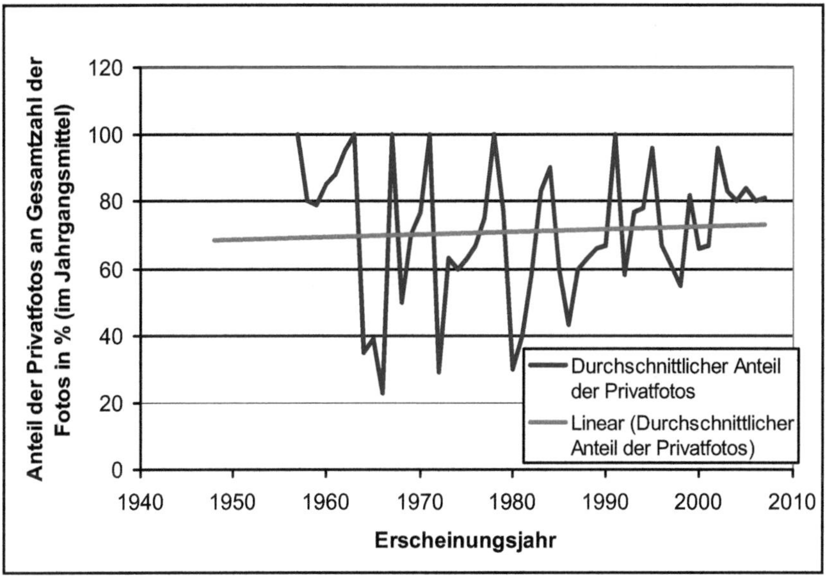

Die Bebilderung der Berichte hat sich, so ist anhand der oben eingefügten Grafik festzuhalten, hinsichtlich der untersuchten Merkmale kaum verändert; die aus-

---

[65] Wendet man diesen Mittelwert auf den gesamten Zeitverlauf an, so sinkt die Anzahl der Fotos insgesamt nach 51 Jahrgängen um insgesamt 3,6 Bilder. Weniger stark sinkt die Zahl der Privatbilder, wenn man die Jahrgangsmittel hierfür addiert: Im Gesamtverlauf nimmt sie um 1,5 Bilder ab.

gleichende Gerade zeigt nur einen minimalen Anstieg von 0,04 Prozent pro Jahr.[66]

5.3 Protagonisten der Homestories

5.3.1 Status der dargestellten Politiker

Unter den 195 Politikern, die sich in den ausgewerteten Berichten präsentieren, bilden Akteure aus der ‚hohen Politik' die größte Gruppe: Zur „Ebene 3", der in der vorliegenden Analyse beispielsweise Staatspräsidenten, Bundeskanzler oder Bundesminister zugeordnet werden, gehören 84 von ihnen – das entspricht einem Anteil von rund 43 Prozent. Etwa gleich groß sind die beiden übrigen Gruppen. Der „Ebene 2", der unter anderem Landesminister oder Ministerpräsidenten angehören, sind 51 Politiker und damit etwa ein Viertel der Protagonisten zuzurechnen. Auf die unterste Ebene entfallen 31 Prozent; ihr werden 60 Politiker zugeordnet. In Homestories präsentieren sich folglich vor allem solche Personen, die etablierte Kräfte im politischen Betrieb sind. Eine Darstellung in Zeitphasen macht aber kenntlich, dass in den Daten ein Trend erkennbar ist.[67]

Die Berichte befassen sich nämlich zunehmend mit Akteuren, die kein hohes Amt ausüben und beispielsweise Nachwuchskräfte, Oppositionspolitiker, Lokalgrößen oder Quereinsteiger sind. Ebenso ist die „Ebene 2" – quasi der Mittelbau der Politik – heute viel stärker vertreten. Dahingegen boten Homestories in früheren Jahren vornehmlich ein Forum für die Mächtigsten der Republik.

---

[66] Der Anstieg addiert sich im Laufe von 51 Jahrgängen zu einem Gesamtanstieg von zwei Prozent.

[67] Auch in dieser gruppierten Darstellung wurde darauf verzichtet, die Werte des Jahrganges 2007 einzubeziehen, da sonst eine Aufteilung in Fünfjahresintervalle nicht möglich gewesen wäre.

Abbildung 18: Status der Politiker in den Homestories 1957-2007
(gruppenweise kumuliert)

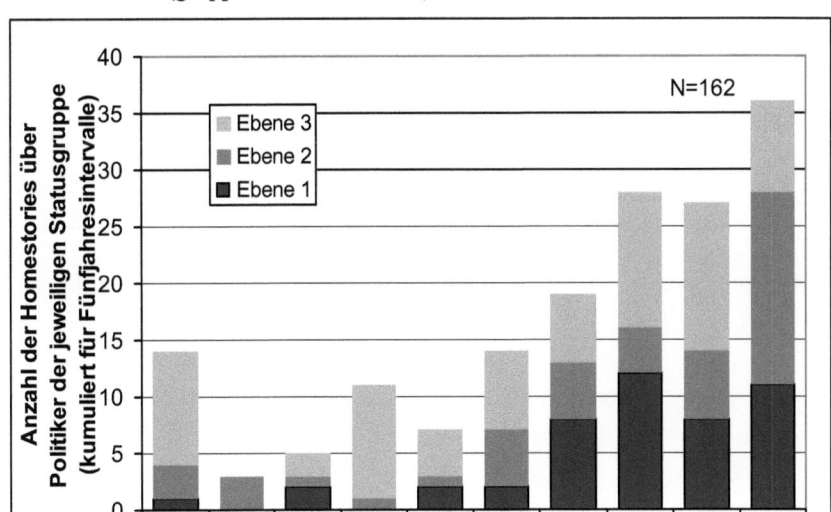

Für jene Politiker, die auf keinen besonders hohen Status verweisen können, wurde die Präsentation des Privatlebens im Theorieteil als eine Möglichkeit begriffen, massenmediale Aufmerksamkeit auf sich zu ziehen und so fernab der gängigen politischen Karrierewege an Bekanntheit und Einfluss zu gewinnen. Anhand der gegebenen Verteilung ist anzunehmen, dass Politiker solche Strategien erst in den letzten 20 Jahren verstärkt nutzten.

5.3.2 „Umfeld-Homestories"

Einige Artikel stellen, wie bereits im Kapitel zur Operationalisierung erwähnt wurde, gar nicht den Politiker selbst ins Zentrum ihrer Berichterstattung. Sie konzentrieren sich vielmehr darauf, Personen aus dem Privatleben des Politikers näher vorzustellen, beispielsweise die Ehefrau oder die Tochter eines Akteurs. Ob es sich um solch einen Bericht handelt, war ebenfalls Gegenstand der Codierung. Diese Analyse zielte darauf ab, weitere Veränderungen im Zeitverlauf festzustellen: Konzentrierten sich die Artikel immer stärker auf Personen aus dem privaten Umfeld der Politiker?

Abbildung 19: Anzahl der „Umfeld-Homestories" 1957-2007

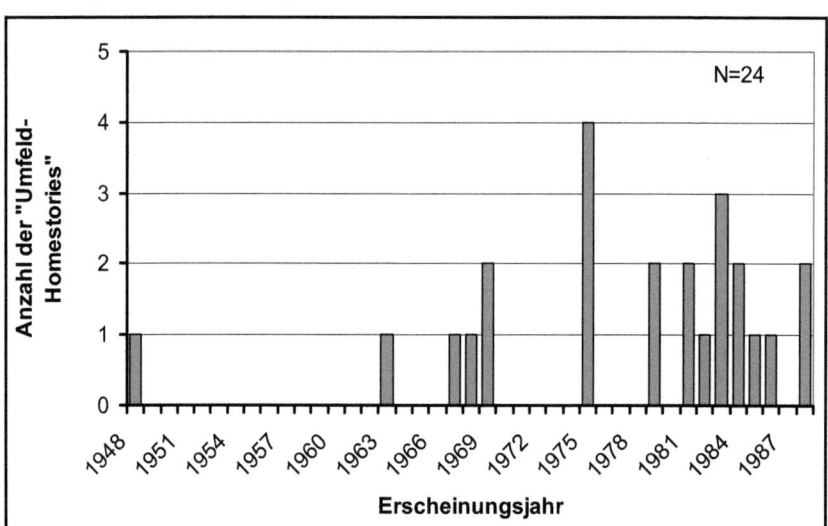

Insgesamt wurden 24 Artikel als „Umfeld-Homestory" typisiert. Bis in die 1980er Jahre hinein blieb diese Form der Berichterstattung auf absolute Einzelfälle beschränkt. In den letzten untersuchten Jahrgängen jedoch häuften sich die Artikel über Personen aus dem privaten Umfeld; eigene Magazinstrecken wurden beispielsweise den Ehefrauen von Rudolf Scharping, Wolfgang Schäuble oder Roman Herzog gewidmet.[68] Die Zunahme solcher Berichte kann als Hinweis dafür gelten, dass sich die Aufmerksamkeit der Medien noch weiter ins

---

[68] Quellenangaben zu den drei hier erwähnten Berichten finden sich im Anhang. Es handelt sich um Artikel Nr.25 und Nr.30 der *Stern*-Liste sowie Nr. 63 der *Bunte*-Liste.

Privatleben hinein verschoben hat: Es interessiert weniger die Person des Politikers, die zumindest teilweise mit dem professionellen Rollenbild verbunden ist. Stattdessen stehen Menschen, mit denen ein Politiker sein Privatleben teilt, vermehrt im Fokus der Öffentlichkeit.

5.3.3 Geschlechterspezifische Darstellung

Über Politikerinnen berichten Homestories weitaus seltener; ferner begann die Präsentation weiblicher Protagonisten in den untersuchten Magazinen erst in den 1980er Jahren – solche Ergebnisse wurde bereits zu Beginn der Auswertung vorgestellt. Dieses Unterkapitel soll nun genauer auf die Unterschiede schauen, die sich in den Artikeln über Frauen und Männer in der Politik finden.[69]

Auffällig ist zunächst: Wenn aus der Privatsphäre von Politikerinnen berichtet wird, dann vor allem über solche Frauen, die einen eher niedrigen Status in ihrem Beruf genießen. Zwei Drittel der präsentierten Politikerinnen gehören der untersten Statusgruppe an. Ein Sechstel ist der zweiten Ebene zuzuordnen; ein weiteres Sechstel besteht aus Vertreterinnen der obersten Statusgruppe. Dahingegen befinden sich unter den männlichen Akteuren nur 25 Prozent, die kein Amt oder eine weniger bedeutende Position bekleiden. Die meistvertretene Statusgruppe ist bei den Männern mit fast 50 Prozent die dritte, also die höchste Ebene. Über die Grundgesamtheit lässt sich somit sagen: Wenn sich Artikel mit Neulingen, Nachwuchskräften und ähnliche Personengruppen beschäftigten, dann waren ihre Hauptfiguren zu 27 Prozent Frauen.[70] Frauen werden also eher in privaten Berichten gezeigt, wenn sie sich auf niedrigen Stufen ihrer politischen Karriere befinden; wenn sie eine höhere Position, etwa einen Ministerposten oder die Kanzlerschaft erreichen, bleiben sie mit ihrem Privatleben in den

---

[69] Freilich ist dabei zu beachten, dass lediglich 24 der 190 insgesamt vorgestellten Politiker Frauen sind. Die hier erläuterten Ergebnisse können also nur eine erste Anhaltspunkte dafür dienen, wie unterschiedlich über das Privatleben von Männern und Frauen in der Politik berichtet wird.
[70] Womit sich gegenüber dem weiblichen Anteil, der in der Grundgesamtheit von 195 Protagonisten bei 12,3 Prozent lag, ein deutlicher Unterschied ergibt.

Magazinberichten fast unsichtbar.[71] Das kann, so ließe sich einwenden, freilich auch daran liegen, dass Frauen solche Posten nur selten erreichen. Auffällig bleibt trotzdem, dass beispielsweise Angela Merkel im Laufe ihrer mehr als zehnjährigen politischen Karriere in hohen und höchsten Ämtern bislang an keiner Homestory in der *Bunten* oder im *Stern* mitwirkte. Auch Vertreterinnen aus den frühen Bundeskabinetten, wie etwa die erste Bundesministerin Elisabeth Schwarzhaupt, fehlen.

Geschlechterunterschiede lassen sich zum Teil auch hinsichtlich jener Merkmale aufzeigen, die für eine zunehmende „Privatisierung" sprechen können. Zwar wird das Privatleben von Politikerinnen in den Berichten thematisch nicht ausgiebiger beleuchtet als das der Männer: Der Indexwert, der für die Privatheit der Homestories vergeben wurde, unterscheidet sich im Mittel in beiden Gruppen kaum. Allerdings zeigen sich größere Diskrepanzen für die Bebilderung der Artikel. In Berichten, die männliche Akteure vorstellen, werden insgesamt mehr Fotos verwendet; zudem ist hier auch eine höhere Zahl an privaten Fotos zu verzeichnen. In Anteile umgerechnet bedeutet das: In Zeitschriftenstrecken über Politiker sind durchschnittlich 77 Prozent der Bilder solche, die die Privatsphäre abbilden. Wenn über Frauen berichtet wird, zeigen im Mittel 73 Prozent der verwendeten Bilder private Szenen. Es ist also eine leichte Tendenz gegeben, Männer stärker als Privatmenschen sichtbar zu machen als dies für Frauen in der Politik geschieht. Sie sind etwas häufiger auf offiziellen, also amtsbezogenen Bildern zu sehen. Die nächste Abbildung fasst die beschriebenen Unterschiede zwischen beiden Gruppen noch einmal zusammen.

---

[71] Unter allen 195 präsentierten Politikern fanden sich nur vier Frauen, die sehr hohe Positionen bekleiden („Ebene 3").

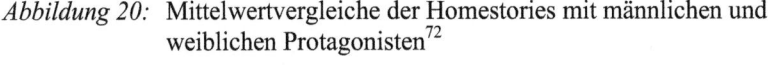

Abbildung 20: Mittelwertvergleiche der Homestories mit männlichen und
weiblichen Protagonisten[72]

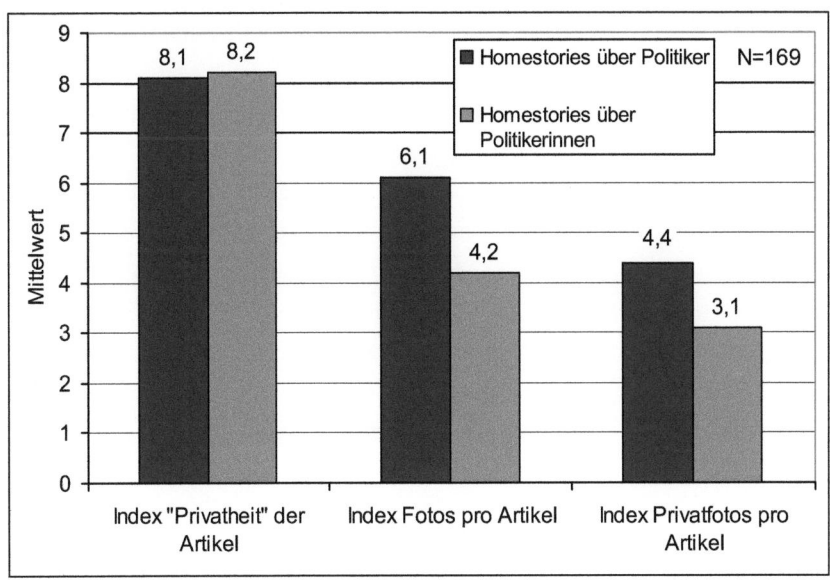

Hinsichtlich der Parteizugehörigkeit zeigen sich zwischen den beiden Gruppen
ebenfalls leichte Unterschiede. Bei den Frauen wie bei den Männern dominiert
die CDU/CSU. Den Unionsparteien gehören rund 51 Prozent der Politiker und
58 Prozent der vorgestellten Politikerinnen an. Die FDP stellt bei den Männern
ein Viertel der Akteure; ihr gehören unter den Politikerinnen nur ein knappes
Zehntel an. Auch die SPD ist bei den weiblichen Akteuren schwächer vertreten:
Während von allen porträtierten Männern 28 Prozent die Sozialdemokraten rep-

---

[72] Für diese Auswertung ergibt sich eine Grundgesamtheit von N = 169 Artikeln (statt N = 195 Politiker), da auch hier als Analyseeinheit der einzelne Bericht gewählt wurde und nicht einzelne Passagen in einem Bericht. Zwar treten in einigen der analysierten Homestories mehrere Politiker auf, doch erschien das weitere „Aufspalten" der Analyseeinheiten in einzelne Items unsinnig, weil sich nur in einem Artikel männliche und weibliche Protagonisten „gemischt" präsentieren. Die anderen Homestories zeigen, selbst wenn mehrere Politiker berichtet wird, gleichgeschlechtliche Akteure oder Gruppen.

räsentieren, sind weniger als ein Zehntel der Frauen – also zwei von 24 Protago-
nistinnen – SPD-Mitglieder. Stärker mit ihrem weiblichen Personal vertreten
sind hingegen die Grünen: Ein weiteres Zehntel der Politikerinnen gehört dieser
Partei an. Unter den männlichen Akteuren stellen die Grünen wiederum nur zwei
Prozent. In der Berichterstattung über diese Partei drehen sich die sonstigen
Geschlechterverhältnisse also um.

Ausgerechnet jene Parteien, denen recht gegensätzliche Familien- und Rol-
lenbilder zugeordnet werden, sind folglich mit besonders hohen Frauenanteilen
in der Grundgesamtheit vertreten. Möglicherweise ist das Interesse an Politikerinnen der Grünen sowie der CDU/CSU vergleichsweise höher, da diese Parteien
expliziter als andere für bestimmte Ideale stehen. Herleiten könnte man daraus
ein größeres Interesse an der Frage, ob die politischen Postulate mit der tatsächlichen Lebensweise – oder vielmehr mit dem medial vermittelten, inszenierten
Bild vom Privatleben – übereinstimmen.

6   Qualitative Auswertung

6.1 „So haben Sie Helmut Kohl noch nie gesehen!" – Homestories und ihre Versprechen an den Leser

Warum sollte das Publikum einen weiteren Bericht über jene Politiker lesen, von denen die meisten ohnehin tagtäglich die Nachrichtensendungen und Meinungsseiten bevölkern? Weil die Privatberichte eine „ganz andere Seite" und bislang Ungeahntes zeigen, könnte die Antwort der beiden untersuchten Magazine lauten.[73] Die Präsentation der Privatsphäre wird als Kontrastprogramm zu den sonstigen Medieninhalten aufgebaut. Diesen wird teils sogar unterstellt, ein verfälschtes Bild zu liefern. Ein wahres, ein vollständiges Urteil könne demnach nur fällen, wer den Politiker auch in seinem Privatleben per Lektüre begleitet. So heißt es 1984 in der Lead-Zeile sowie im Lauftext eines Bericht über den CDU-Politiker Gerhard Stoltenberg:

> Vergessen Sie alles, was Sie über Finanzminister Gerhard Stoltenberg bisher gelesen haben. BUNTE hat ihn, den starken Mann der Bundesregierung, privat besucht. Und erlebte ihn, wie er auf dem Bildschirm nie zu sehen ist. (...) Wie wenig all die verbreiteten Klischees über Gerhard Stoltenberg stimmen, erlebte BUNTE beim sonntäglichen Hausbesuch in Kiel. Der Pfarrersohn und Waage-Geborene ist zwar nordisch, aber weder dröge noch öde.[74]

---

[73] So etwa in der Passage, die in der Überschrift zitiert wird. Sie stammt aus einer Magazinstrecke, für die Helmut und Hannelore Kohl von Fotoreportern im Alltag begleitet wurden: *Bunte*, Artikel Nr.42.

74 Artikel Nr.35 in der *Bunte*-Liste im Anhang (Hervorhebungen im Zitat sind dem Original entnommen).

Erkennbar ist hier nicht nur das Bemühen um eine Imagekorrektur, die mit privaten Informationen erreicht werden soll. Deutlich ist auch die Ansprache an die
politikverdrossenen Leser, die eigentlich genug haben vom Personal der Parteien
und von einem politischen Betrieb, der seine Hauptakteure als „dröge" und „öde"
Gestalten präsentiere. Eines der häufigsten Versprechen der Homestories ist dann
auch, den Politiker ,als Menschen' zu zeigen. Überschriften wie „Kinkel wird
Mensch"[75] oder „Der nette Mensch vom Wolfgangsee"[76] sind typische Beispiele.
Ebenfalls ganz im Sinne einer rund ums öffentliche Image gebauten „Human-
Interest-Story" heißt es 1997 in einem *Bunte*-Artikel über Wolfgang Clement
(SPD):

> Sein Ruf eilt ihm voraus wie politische Paukenschläge – Choleriker, Antreiber,
> Workaholic. (...) BUNTE suchte nach dem Menschen Wolfgang Clement. An sei-
> nem 57. Geburtstag trafen wir ihn im Kreise von Familie, Freunden und Mitarbei-
> tern (...) und lernten einen Mann kennen, der privat so ganz anders ist: humorvoll,
> warmherzig, väterlich, verschmust. Ausgelassen vergnügte sich Clement mit Dixie-
> Band und deftigem Essen bis in die frühen Morgenstunden. *Keine Reden, keine po-
> litischen Diskussionen.*[77]

Politiker schlüpfen in den Artikeln in andere, nämlich berufsferne Rollen – die
den Lesern wahrscheinlich eine stärkere Identifikation ermöglichen. So wird aus
„Finanzminister Gerhard Stoltenberg" im Laufe des oben zitierten Artikels nicht
nur der „Pfarrersohn" oder „Waage-Geborene", sondern auch ein „Fein-
schmecker", „Sportler", „Musikliebhaber" und „Krimifan".[78] Den Politikern
werden neue, multifunktionale Etiketten angeheftet. Vorgeblich erweitern, erklären oder widerlegen sie jene Zuschreibungen, die die Protagonisten aufgrund
ihres professionellen Handelns erhalten haben. So wird in einer *Stern*-Reportage
der CDU-Politiker Heiner Geißler in seiner beruflichen Rolle zwar als „Buh-
mann des Wahlkampfes", „Agitator", „Demagoge" und „Lautsprecher des Kanz-

---

[75] *Bunte,* Artikel Nr.69.
[76] *Bunte,* Artikel Nr.40.
[77] *Bunte,* Artikel Nr.74 (Hervorhebungen im Original).
[78] *Bunte,* Artikel Nr.35.

lers" vorgestellt. Hinzu trete aber „der andere Heiner Geißler"; ein „Waldläufer" und „Jesuitenschüler", der als Vater ein „Kumpel" sei.[79] Wie sehr solchen Artikeln eine entlarvende Funktion, ja fast ein aufklärerisches Potential zugeschrieben wird, zeigen vor allem die beiden Homestories, die sich mit den rechtsradikalen Politikern Franz Schönhuber (Die Republikaner) und Gerhard Frey (DVU) beschäftigen. Die Reporter hätten, schreibt 1989 die *Bunte* im Artikel über Schönhuber, „im Wohnzimmer des Mannes, vor dem alle Angst haben", recherchiert.[80] Der Besuch bei Frey wird 1991 von der Redaktion wie folgt angekündigt:

> Es gibt zwei Methoden, mit einem Menschen wie Dr. Gerhard Frey, dem Führer der neuen braunen Soße, umzugehen. Entweder man schweigt ihn tot oder man entlarvt ihn. BUNTE entschied sich fürs Entlarven. (...) Niemand hat ‚Mein Kampf' gelesen. Lesen Sie rechtzeitig dieses Interview.[81]

Auf Wahrheitssuche begeben sich die Journalisten anschließend vor allem in den Bücherschränken der Politiker sowie in den Plattensammlungen, in denen „Heino, Heimatlieder, Klassik"[82] stehen. Schönhuber hat zudem „seine schönsten Bierkrüge im Regal aufgereiht". Eine Interviewpassage, die das typische Frage- und Antwortverhalten in den Artikeln wiedergibt, lautet etwa:

> „Herr Schönhuber, alle fürchten sich vor Ihnen. Sind Sie ein Nazi" – „Das ist eine bösartige Kampagne der Linken – da kann Vogel (gemeint ist der SPD-Politiker Hans-Jochen Vogel, TR), dieser Ex-HJler, tönen, wie er will."

---

[79] Artikel Nr.11 in der *Stern*-Liste. Diese Gegenüberstellung von professionellem und privatem Agieren ist ein gängiges Mittel in den Homestories. Zur Verdeutlichung dieses Prinzips sei hier noch auf einen Besuch bei Roland Koch hingewiesen, den *Bunte*-Reporter wie folgt beschrieben: „Er hat das Image eines unnahbaren, kalten Machtpolitikers: Hessens Ministerpräsident . Roland Koch, 49. Doch als *Bunte* den CDU-Politiker in Frankfurt zum Interview trifft, erleben wir ihn ganz anders: locker, sensibel, humorvoll." Zitiert nach: *Bunte,* Artikel Nr.125.

[80] *Bunte,* Artikel Nr.49.

[81] *Bunte,* Artikel Nr.54.

[82] *Bunte,* Artikel Nr.49.

Selbst wenn die Einlassungen der Politiker in solchen Berichten oft eher banaler Art sind, pflegen die Homestories zumeist eine Sprache, die Enthüllungen, Überraschungen, Indiskretionen verheißt. Zu den prägenden Verben in den Dialogsituationen der Texte gehören solche, die die Akteure etwas „verraten", „gestehen" oder „zugeben" lassen. Im Folgenden sollen zwei Beispiele angeführt werden, die zeigen, dass dieses Merkmal sich in Artikeln aus verschiedensten zeithistorischen Phasen findet. Die erste Passage stammt aus einem Bericht, in dem 1957 die Familie des damaligen Bundesinnenministers Gerhard Schröder (CDU) vorgestellt wird:

> „Wir sind am glücklichsten, wenn die ganze Familie beisammen ist", gestand uns Frau Schröder ein. (...) Beim Ping-Pong-Turnier im Schröderschen Heizungskeller wird um die Familienmeisterschaft gespielt. (...) "Ohne Papa macht das Spiel nur halb soviel Spaß", verrieten uns die beiden reizenden Töchter Christina und Anita.[83]

In einem Artikel über das Bundespräsidentenpaar Roman und Christiane Herzog aus dem Jahr 1994 heißt es im gleichen Duktus:

> In Amrum haben die Herzogs eine kleine Ferienwohnung, Frau Herzog verrät, daß beide, Roman und sie, beseelte Sterngucker sind und vor jedem dramatischen Sonnenuntergang niederknien.[84]

Den Lesern wird so das Gefühl vermittelt, etwas zu hören oder zu sehen, das eigentlich nicht für sie, für die Öffentlichkeit bestimmt ist. Deutlich schwingt hier das Versprechen mit, dem Publikum einen authentischen Einblick zu ermöglichen. Aufschlussreich ist jedoch auch, zu verfolgen, wie die Berichte sich zum gegenteiligen Vorwurf, nämlich der permanenten Inszenierung ihrer Hauptfiguren, äußern. Diese Frage soll das nachfolgende Kapitel beantworten.

---

[83] *Bunte,* Artikel Nr.3.
[84] *Bunte,* Artikel Nr.63.

6.2 „Als wär' der Fotograf nicht da" – Homestories und ihr Verhältnis zur Inszenierung

Wie ein Artikel mit sämtlichen Gesprächsthemen, Situationen und Posen entsteht, ist eher in älteren Berichten für den Leser festgehalten – zumeist dann, wenn der besuchte Politiker nicht so recht mit der Presse kooperieren wollte. Auch diese Feststellung soll anhand zweier Passagen verdeutlicht werden. Im *Stern* findet sich 1963 eine Szene, die im Ferienhaus des Bundeskanzlers Ludwig Erhard (CDU) spielt:

> Wer aber glaubt, ihn dort in Hemdsärmeln sehen zu können, der irrt. Selbst bei 32 Grad im Schatten legt er Jackett und Schlips nicht ab. Auch im Liegestuhl wird man ihn dort nie antreffen. Als STERN-Reporter Hilmar Pabel sich ein solches, urlaubslockeres Foto wünschte, wehrte Ludwig Erhard ab: „Das wäre nicht mein Stil."[85]

Ähnliches ist 1974 einem *Stern*-Bericht über FDP-Mann Walter Scheel zu entnehmen:

> Walter Scheel liebt Menschen. Aber bei aller Liebe – so wie es einem Staatsoberhaupt geziemt. Als wir ihn beim Fotografieren bitten, sich zu den spielenden Kindern auf den Teppich zu setzen, sträubt sich der Präsident, das zu tun, was er natürlich sonst auch wie jeder Vater tut. Walter Scheel: „Ein Bundespräsident muß immer auf was sitzen."[86]

Aufgrund solcher Szenen bleiben die Politiker in den frühen Artikeln stärker in ihrer Amtsrolle und wirken zudem selbstbestimmter: Sie sind nicht für jede Pose verfügbar; sie scheinen nicht gewillt, für die Medienvertreter alles zu tun. Freilich kann nicht ausgeschlossen werden, dass es heute bei der Produktion der Magazinstrecken zu denselben Konflikten kommt. Doch im Gegensatz zu den älteren Homestories beharren die Berichte aus den letzten Jahren darauf, dass es sich bei den geschilderten Momenten keineswegs um Inszenierungen handelt, die nur gegeben werden, weil die Presse dabei ist. Nahe liegende Vermutungen,

---

[85] *Stern,* Artikel Nr.1.
[86] *Stern,* Artikel Nr.4.

nach denen die Fotografen, Redakteure oder gar die Politiker selbst als die Regisseure der Szenen agieren, weisen die Texte zurück. Beispielsweise beginnt 1994 ein Artikel über die FDP-Politikerin Irmgard Schwaetzer mit folgender Momentaufnahme:

> Als wär' der Fotograf nicht da: Es ist Abend, Stehlampen strahlen, mildes Licht, Händel erklingt – und da bekommt der Journalist (gemeint ist Partner Udo Philipp, TR) ein Küsschen von der Noch-Ministerin. Wir sind im Wohnzimmer von Irmgard Schwaetzer und Udo Philipp.[87]

Die Reporter beschreiben ihre eigene Rolle so, als seien sie lediglich passive Zeugen einer Szene, nicht aber aktive Arrangeure des Geschehens oder Verwerter einer Choreographie, die sich ein Politiker zurecht gelegt hat. Während eines Besuchs bei Rudolf Scharping und seiner Lebensgefährtin geben die Journalisten die Situation wie folgt wieder:

> Man kommt sich fast indiskret vor, die beiden zu beobachten Denn da schwingt so viel Liebe und Harmonie zwischen ihnen, dass man nicht stören möchte.[88]

Dass es sich bei den Presseterminen im Privathaus ebenso um Arbeitseinsätze des Politikers handelt, kommt in den Texten also nicht zur Sprache. Scheinbar läuft das Privatleben „ganz normal" weiter, wenn die Journalisten zu Besuch sind: Man lädt zum Familienfrühstück[89], zur Radtour im Urlaub[90] oder zur Gartenarbeit[91]. Ziel ist es vermutlich, die dargestellten Szenen als „genuine Ereignisse" darzustellen, die auch stattfinden würden, wenn es keine Berichterstattung darüber gäbe.[92] Keinesfalls sollen die Pressetermine wie „mediatisierte" oder gar „inszenierte Ereignisse" wirken – also wie Geschehnisse, die durch die zu erwartende Berichterstattung einen mediengerechten Charakter erhalten oder

---

[87] *Bunte,* Artikel Nr.65.

[88] *Bunte,* Artikel Nr.94.

[89] Beispielsweise in: *Bunte,* Artikel Nr.66, 105, 118 oder im *Stern,* Artikel Nr.18.

[90] Beispielsweise in: *Bunte,* Artikel Nr.88 oder im *Stern,* Artikel Nr.29.

[91] Beispielsweise in: *Bunte,* Artikel Nr.62, 93, 111. Für all diese Szenarien ließen sich weitere Beispiele aus dem Untersuchungsmaterial anführen.

[92] Zum Ereignisbegriff in der Publizistikwissenschaft und der Kategorisierung von „genuinen", „mediatisierten" und „inszenierten Ereignissen" vgl. Kepplinger 2001, S.126f.

die überhaupt erst stattfinden, damit sie in der Presse geschildert werden. Auf diesen Konsens scheinen sich Politiker und Journalisten in den letzten Jahren geeinigt zu haben.

6.3 „So lebt der König von Sachsen heute" – die Homestory als Hofbericht

In ihrem Grundton sind die Berichte aus allen Zeitphasen sehr affirmativ. Den Politikern werden in den Szenen, die die Reporter schildern, fast ausschließlich positive Eigenschaften zugeschrieben, teils überschlagen sich die Journalisten regelrecht mit Lob über Charakter, Aussehen und Fähigkeiten der Hauptfiguren.[93] Einzelne Negativurteile kommen, wie oben erwähnt, lediglich als vermeintlich falsche Klischees vor. Einige Zitate sollen veranschaulichen, wie sehr die Reporter zu Fürsprechern der dargestellten Akteure werden. Die drei nachfolgenden Textstellen finden sich in *Bunte*-Berichten über Gerhard Schröder (CDU) und Anton Storch (CDU) aus den späten 1950er Jahren sowie in einem Artikel, für den *Stern*-Journalisten 1982 Oskar Lafontaine (damals SPD) begleiteten.

Wohltuende Sachlichkeit, menschliche Anteilnahme und Verständnis für die Sorgen und Nöte derjenigen, die ihm als Wähler ihr Vertrauen geschenkt haben, kennzeichnen die Persönlichkeit des sehr jugendlich wirkenden, aufgeschlossenen Bundesinnenministers.[94]

Trotz seines heutigen hohen Amtes aber ist der Politiker Anton Storch stets der geblieben, der er immer war: ein natürlicher, bescheidener und einfacher Mensch mit viel Sinn für ein gemütliches Heim, mit guter Laune, Humor und herzlichen Beziehungen zur Nachbarschaft.[95]

In Saarbrücken ist er für die Leute auf der Straße „Oskar". Den Weg vom Landtagsgebäude, wo er eine Pressekonferenz gegeben hat, zum Rathaus legen wir zu Fuß zurück. Zwischen dem Beton seiner Vorgänger hat er eine lebendige Altstadt

---

[93] Als Ausnahmen müssen hier die beiden oben zitierten Berichte über die rechtsradikalen Politiker Franz Schönhuber und Gerhard Frey gelten.
[94] *Bunte,* Artikel Nr.3.
[95] *Bunte,* Artikel Nr.4.

geschaffen. Am St. Johanner Markt Zurufe, Grüße, Gespräche. Ein kranker Mann umarmt ihn, dankt für eine Sozialwohnung, die er ihm in der Altstadt zuweisen ließ. Eine Studentin wechselt auf der Violine die Melodie und spielt lachend „Lobet den Herrn ...".[96]

Generell zeigen sich die Artikel als sehr meinungslastige, wertende Stücke. Ihre Protagonisten präsentieren sie teilweise sogar als unfehlbar – womit sie durchaus den in der Forschungsliteratur diskutierten Vorwurf, eine Art undistanzierte, unreflektierte „Hofberichterstattung" zu liefern, bestätigen. Allerdings scheinen die Redaktionen diese Einordnung nicht als negativ zu werten. Vielmehr bedienen sich die Magazine selbst solcher Etiketten für ihre Berichte: Etwa versprechen 1994 die einleitenden Worte eines Berichtes über den damaligen Bundespräsidenten Roman Herzog (CDU), der Artikel sei „ein Hofbericht, wie er nur in Bunte steht".[97] Eine andere Homestory im Hause des sächsischen Ministerpräsidenten Georg Milbradt (CDU) trägt die Überschrift: „So lebt der König von Sachsen – heute".[98]

Offenbar ist in den Magazinen eine ganz auf Repräsentation angelegte „Hofberichterstattung", in der der Journalist die Rolle des Bewunderers einnimmt, sogar erwünscht. Das enge Verhältnis zwischen Reportern und Politikern wird dem Leser als eine Art Auszeichnung präsentiert; als ein Qualitätsmerkmal, das eine besonders nahe Berichterstattung verspricht. Daher geben die Autoren einiger Artikel im Text zu erkennen, dass sie auch privat mit dem jeweiligen Politiker befreundet sind.[99]

Gemäß dieser sehr affirmativen Darstellung der Protagonisten, erweisen sich Wörter wie „Glück" oder „Harmonie" als zentrale Begriffe in den Homestories. Das Privatleben wird als Gegensatz zum politischen Geschäft präsentiert, das vor allem Streit, Rivalität und ständige Diskussionen bedeute.[100] Dem-

---

[96] *Stern,* Artikel Nr.9.
[97] *Bunte,* Artikel Nr.64.
[98] *Bunte,* Artikel Nr.111.
[99] Beispielsweise berichtet *Bunte*-Autor Paul Sahner, dass er Gerhard Schröder nicht bei verschiedenen Presseterminen trifft, sondern auch regelmäßig mit ihm Tennis spielt: *Bunte,* Artikel Nr.77.
[100] Das lässt sich schon anhand einiger Überschriften verdeutlichen: Ein Doppelporträt über die „glücklichen Großväter" Konrad Adenauer (CDU) und Erich Ollenhauer (SPD) aus dem Jahr 1957 trägt den Titel „Daheim ist aller Streit vergessen" (*Bunte,* Artikel Nr.6). Ein Jahr später erschien ein

entsprechend sammeln die Hauptfiguren im Privatleben „Kraft für schwere Stunden" oder genießen eine „letzte Atempause"[101], bevor das Amt wieder ruft. Eine typische Szene aus diesem stets erfüllten Familienalltag liest sich in der Ankündigung eines Interviews mit der FDP-Politikerin Silvana Koch-Mehrin sowie im Gespräch selbst folgendermaßen:

> Frühstückszeit. Mama schmiert die Croissants, Papa albert mit dem Töchterchen herum. Was klingt wie der Werbespot für eine Familienmargarine, ist in Wahrheit das ganz persönliche Glück von Silvana Koch-Mehrin, 33. (...) Ein Gespräch über die Kunst, sich in Leben und Beruf durchzuboxen und trotzdem glücklich zu sein. (...)"Das Geheimnis Ihres Glücks?" – „Dass wir uns gegenseitig daran erinnern, wie schön das Leben ist und wie viel Glück wir doch haben."*[102]*

Viele weitere Berichte tragen Überschriften wie „Eine Familie im Glück", „Der glückliche Sommer der Kennedys" oder „Das Geheimnis des Glücks"[103] und schildern das „friedliche Idyll eines harmonischen Familienlebens".[104] Trotz aller Perfektion, die in solchen Artikeln die Politiker umgibt, betonen diese zugleich, wie normal ihr Alltag sei. Auf welche Weise sich diese kommunikative Strategie, die im Theorieteil als Streben nach „Vermenschlichung" beschrieben wurde, in den Homestories wieder findet, soll das folgende Unterkapitel erläutern.

Artikel über das Privatleben von Franz Josef Strauß – seine Überschrift: „Stille Stunden nach lauten Debatten" (*Bunte,* Artikel Nr.11).

[101] Das erste Zitat stammt aus Artikel Nr.20 der *Bunten,* in dem es um Willy Brandts Freizeit in der Familie geht. Mit dem zweiten Zitat beschreibt der *Stern* einen Urlaub des CDU-Politikers Ludwig Erhard (Artikel Nr.1)

[102] Quellenangaben zu diesem Interview mit dem Titel „Diese Frau will noch mehr Glück ..." findet sich als Artikel Nr.105 in der *Bunte*-Liste.

[103] Die Überschriften stammen aus den *Bunte*-Artikeln Nr.115, 25, 100.

[104] So fasst der oben bereits zitierte Bericht über Konrad Adenauer und Erich Ollenhauer das Privatleben der beiden Akteure zusammen: *Bunte,* Artikel Nr.6.

6.4 „Wir sind eine ganz normale Familie geblieben" – der Politiker als Durchschnittsbürger

In der öffentlichen Wahrnehmung gelten Politiker nicht selten als „abgehobene Kaste", die in ihrer eigenen, abgeschotteten Welt lebt. Von den alltäglichen Sorgen der Wähler, so die weitverbreitete Annahme, wisse diese Berufsgruppe nichts. In der eingangs vorgestellten Forschungsliteratur wurde davon ausgegangen, das Politiker deshalb versuchen, dieser Vorstellung ein volksnahes Image entgegenzusetzen und sich als „Menschen wie du und ich" (Holtz-Bacha 2000, S.161) zu inszenieren.

Die untersuchten Magazinberichte enthalten, wie im Folgenden gezeigt werden soll, in allen analysierten Themenbereichen solche Merkmale und entsprechende Wertungen. Geht es beispielsweise darum, wo und wie die Politiker wohnen, so wird in den Artikeln stets betont, welche normalen Anblicke sich hier bieten, wie etwa Berichte über Edmund Stoiber (CSU) und Gerhard Schröder (SPD) zeigen:

> Hier wohnt die Normalität. Das ist der erste Eindruck, wenn man durch die Siedlung am Rande von Wolfratshausen, einer Kleinstadt 30 km südlich von München, fährt. Links und rechts Einfamilienhäuser mit Blumenkästen vor den Fenstern und gepflegten Vorgärten, in denen Kinderwippen stehen. Nichts Auffallendes. (...) Das Wohnzimmer, in dem auch schon Staatsgäste saßen, ist klein und ganz anders, als man sich das Zuhause des bayerischen Ministerpräsidenten vorstellt.[105]

> Vor wenigen Monaten erwarb das Kanzlerehepaar in einer bürgerlichen Gegend von Hannover ein Reihenendhaus mit kleinem Garten. Ein Altbau aus den 30er Jahren, efeubewachsen. Ein ganz normales Haus eben. Alle anderen europäischen Regierungschefs wohnen unvergleichlich feudaler. (...) Doris sagt: „Es gibt bei uns keine Diskrepanz zwischen großem und bescheidenem Leben. Wir leben in Hannover ein ganz normales Leben."[106]

---

[105] *Bunte,* Artikel Nr.99.

106 *Bunte,* Artikel Nr.93. Auch in *Stern*-Artikeln finden sich solche Beobachtungen, zum Beispiel in einer Homestory, für die die Reporter 2007 den CSU-Mann Günther Beckstein besuchten: „Eine Reihenhaussiedlung im Südosten von Nürnberg. Der Stadtteil heißt Langwasser, man kennt solche Gegenden aus ‚Aktenzeichen xy ungelöst.' (...) Die Häuser sind nicht groß. Sie stehen hinter akkurat geschnittenen Hecken und Mauern, hoch und weiß. In einem dieser Häuser wohnt Günther Beckstein." (Artikel Nr.41).

Als weiterer Image-Baustein tritt hinzu, sich als bodenständig und in der Heimat verwurzelt zu präsentieren. Das Amt und die Macht habe, so wird häufig beteuert, den Politiker nicht verändert. Typisch sind etwa jene Aussagen über den Münchner Oberbürgermeister Thomas Wimmer, den die *Bunte* 1957 für ihre erste Politiker-Homestory besuchte:

> So bescheiden, wie Thomas Wimmer über sich selbst urteilt, ist auch sein ganzer Lebensstil. Er wohnt heute genau so einfach wie zu der Zeit, als er noch mit Säge und Hobel an der Werkbank stand. „Ich bin, was ich war, ich bleib', was ich bin: ein einfacher Mensch, der Zeit seines Lebens den Kreisen, aus denen er kommt, treu geblieben ist."[107]

Bescheidenheit wird ebenfalls demonstriert, wenn es darum geht, wie Politiker ihren Urlaub und ihre Freizeit gestalten: „Doris und Gerhard Schröder machen mit hunderttausend anderen gerade Urlaub auf Mallorca", lautet etwa das Lead-In eines genretypischen Berichts aus dem Jahr 2000, der zudem „Schnappschüsse von einer ganz normalen deutschen Familie" verspricht.[108] Ebenso berichten die Reporter, dass Guido Westerwelle „wie Millionen anderer Deutscher (...) Urlaub auf der Sonneninsel" mache – und zwar aufgrund der „erschwinglichen Preise".[109]

Selbst der Familienalltag sei, trotz aller beschriebenen Glücksmomente, der einer durchschnittlichen Familie: „Wir sind eine ganz normale Familie geblieben – mit Sorgen, Problemen und Nöten wie andere auch", sagt etwa Karin Stoiber in der bereits oben zitierten Homestory über das Privatleben an der Seite des CSU-Politikers Edmund Stoiber.[110]

Auch wenn die Politiker über den Umgang mit Geld oder über ihr Konsumverhalten sprechen, legen sie großen Wert darauf, sparsam zu leben und selbst Zeiten erlebt zu haben, in denen es sie mit keineswegs üppigen Einnahmen

---

[107] *Bunte,* Artikel Nr.1.
[108] *Bunte,* Artikel Nr.82.
[109] *Bunte,* Artikel Nr.87.
[110] *Bunte,* Artikel Nr.99.

auskommen mussten:[111] Sie „holen den Champagner auch bei Aldi"[112] und sitzen
am „selbst zusammengebauten Ikea-Küchentisch"[113]. Vor allem in den 1950er
Jahren kann das Credo „Sparsamkeit ist Trumpf"[114] als Leitmotiv aller gedruckten Berichte gelten: In den Haushalten der Politiker, so ist zu lesen, werde
„jede Ausgabe auf Heller und Pfennig abgerechnet".

In den jüngeren Artikeln wird die Normalität im Politikerleben eher über
eine betonte Lockerheit transportiert, die sich vor allem in Stil- und Kleidungs-
fragen zeigt. Während die Politiker der 1950er Jahre sich in privaten Szenen –
selbst beim Tischtennis oder im Urlaub – stets im Anzug präsentierten und damit
auch hier wie Amtsträger wirken[115], wird heute in Bild und Text ein möglichst
großer Gegensatz zum Berufsleben aufgebaut: Politiker empfangen den Journa-
listenbesuch im Freizeit-Look, in Jogginganzug, Badehose[116] oder noch legerer:
„Der Minister bittet um Entschuldigung, er sei schon mal in den Schlafanzug ge-
schlüpft ...", heiß es etwa 1994 in einer Reportage aus dem Haus des FDP-
Politikers Klaus Kinkel.[117] Zur neuen Lockerheit zählt anscheinend auch, offener
über Drogenerfahrungen, Affären oder Sexualität zu sprechen.[118]

---

[111] Beispielsweise betonen das in Interviews Renate Schmidt (SPD) sowie die Familien von Wolfgang Clement (SPD) und Gerhard Schröder (SPD): *Bunte,* Artikel Nr.71, 96, 77.

[112] So Christian Wulff in einem Interview: *Bunte,* Artikel Nr.97.

[113] Wie Guido Westerwelle in einem *Bunte*-Artikel, Nr.95.

[114] Dieses und das nachfolgende Zitat stammen aus einem Bericht über den CDU-Politiker und
damaligen Bundesfinanzminister Fritz Schäffer: *Bunte,* Artikel Nr.2.

[115] Beispielsweise in: *Stern,* Artikel Nr.1 sowie *Bunte,* Artikel Nr.3, 13.

[116] Beispielsweise in: *Stern,* Artikel Nr.15, 32 oder *Bunte,* Artikel Nr.53, 69, 87, 88, 89, 117, 125.

[117] Zitiert nach: *Bunte,* Artikel Nr.23.

[118] Diese Themen werden in den Interviews und Berichten allerdings fast immer von den Reportern
direkt angesprochen, nicht von den Politikern. Zumeist behandeln beide Seiten solche Fragen scheinbar beiläufig in einem „Plauderton", der gegenüber anderen Passagen schon wieder auffällig wirkt.
So verläuft ein Interview zwischen Klaus Wowereit und den *Stern*-Journalisten wie folgt: „Mal
gekifft?" – „Nee." – „Nicht mal inhaliert?" – „Ich hab vielleicht mal aus Jux an einer Zigarette gezogen, aber nie geraucht. Deshalb war ich gut gefeit gegen Haschisch." (*Stern,* Artikel Nr.43).

Insgesamt entsteht in den Artikeln der Eindruck, die Politiker verstünden den ‚kleinen Mann' und führten außerhalb des Scheinwerferlichts das gleiche Leben wie der Durchschnittsbürger auch. Einen privilegierten Status zu genießen weisen die meisten Protagonisten ausdrücklich zurück. Allerdings ist in der jüngsten Berichterstattung auch ein Gegentrend, nämlich eine Prominenzierung der Akteure, erkennbar: Zunehmend werden Politiker den Lesern als „Stars"[119] vorgestellt, die zudem in den geschilderten Szenen Autogramme geben oder für Fanfotos posieren müssen. Darüber hinaus werden sie in den Artikeln als gefragte Gäste für Galas sowie Rote Teppiche beschrieben.[120]

Die Auswertung des Materials ist bislang vor allem darauf eingegangen, wie das Privatleben der Politiker in den Artikeln dargestellt wird. Dabei hatte die quantitative Inhaltsanalyse auch gezeigt, dass die Artikel ebenfalls über Politik berichten – und das oftmals sehr umfangreich. Daraus ergibt sich für die Homestories eine teils sehr eigentümliche Mischung aus politischen und äußerst privaten Informationen. Sie soll im nachfolgenden Kapitel näher beschrieben werden.

6.5 „Was tun Sie denn ganz privat für die Umwelt?" – Homestories und ihre politischen Inhalte

Da die Berichte private, aber auch politische Fragen berühren, schafft das zum Teil sehr abrupte Übergänge und starke thematische Brüche in den Texten, die nicht selten unglücklich wirken. So kündigt die Überschrift eines *Bunte*-Artikels über Klaus Kinkel (FDP) an:

Kinkel wird Mensch: Außenminister Klaus Kinkel über Gefühle, Familie, Kohl, Haare färben und das Elend der Welt.[121]

---

[119] Zum Beispiel wird Oskar Lafontaine (damals SPD) als „der Star von der Saar" bezeichnet, und Dieter Althaus ist „der neue CDU-Star": *Bunte*, Artikel Nr.45, 110.
[120] Beispielsweise in: *Stern*, Artikel Nr.41, 43 sowie *Bunte*, Artikel Nr. 79, 82, 87.
[121] *Bunte*, Artikel Nr.69.

Besonders in den Interviews wechseln Journalisten oder Politiker zuweilen plötzlich das Thema. Der Leser muss dadurch in kürzester Zeit seine Aufmerksamkeit
von den Details aus der Privatsphäre umlenken auf die hohe Politik. Beispielhaft
für diese thematischen Sprünge ist die folgende Interviewpassage, die 2001 in
einem Gespräch mit dem damaligen Bundesverteidigungsminister Rudolf Scharping (SPD) entstand:

> „Und demnächst geht´s im Eilmarsch zum Traualter? (...) Wann ist es denn soweit?"
> – Scharping: „Wir werden in Ruhe unsere Ehen auflösen. Wir leben zusammen und
> es ist wunderbar. Über alles Weitere machen wir uns dann Weihnachten Gedanken."
> – „Zurück zur Politik: Wie geht es in Jugoslawien weiter?" – „Milosevic ist ein ge-
> suchter Kriegsverbrecher. Das heißt: Er muss nach Den Haag ..."[122]

Zwei solch unterschiedliche Perspektiven in einem Artikel oder einem Interview
zu vereinen, erfordert also nicht selten recht massive Eingriffe seitens der Ge-
sprächsführung. Eine wichtige Frage wäre hier sicher, wie denn die Leser mit
solchen Wechseln umgehen, ob sie zum Beispiel die politischen Passagen eher
überspringen oder nur überfliegen. Vermutet werden könnte zudem, dass die
Sprünge den Lesefluss behindern. Vielleicht um gerade solche Einschnitte zu
verhindern, ist es gängiges Mittel in den Homestories, mit Bedeutungstransfers
zwischen beiden Ebenen zu arbeiten – das heißt: Mit dem Blick auf bestimmte
Bereiche des Privatlebens, soll, so die Reporter, ‚geprüft' werden, ob jemand für
seine politischen Aufgaben geeignet ist: Wie geht der Finanzminister privat mit
Geld um, wie erzieht ein Familienpolitiker seine Kinder? Was tut ein Umwelt-
minister, im nachfolgenden Beispiel Klaus Töpfer (CDU), für Natur- und Klima-
schutz? In der Einleitung sowie im Haupttext einer Magazinstrecke heißt es
1988:

> „Ich lebe ohne Plastik und Treibgas." – Für seine Familie hat Umweltminister Töp-
> fer 10 Gebote aufgestellt. Von Altpapier bis Weihnachtsbaum. Zur Nachahmung
> empfohlen. (...)

---

[122] *Bunte,* Artikel Nr.85.

Wir wollen sehen, wie umweltfreundlich der Bundesumweltminister selbst zu Hause lebt. (...) „Ich kaufe keine umweltfreundlichen Spraydosen. (...) Pflanzenabfälle werden zu Kompostdünger. (...) Ich wasche mit phosphatfreiem Waschmittel."

Auch ob jemand finanzpolitisches Wissen besitzt oder die Fähigkeit, einen Staatshaushalt zu führen, zeigt sich für die Reporter im Privatleben: „Unzufrieden ist die Frau, die seit Jahren jede ausgegebene Mark in ein graues Haushaltsbuch einträgt, mit der Steuerreform." Hier werden in einem *Bunte*-Bericht über die FDP-Politikerin Irmgard Adam-Schwaetzer, ähnlich wie in etlichen anderen Artikeln, politische und private Eigenschaften vermengt. Es entsteht der Eindruck: Da sie im Privaten ein guter Kassenwart ist, sei Adam-Schwaetzer auch mit den Einnahmen und Ausgaben der Bundesrepublik nicht überfordert.

Das gleiche Muster findet sich sogar ausgiebig in einem Artikel, der nach der Wahl 2002 das Familienumfeld von Wolfgang Clement (SPD) beleuchtet und Aufschluss darüber geben soll, ob er als Bundesminister für Wirtschaft und Arbeit geeignet ist:

Spurensuche. Könnte ja sein, dass einer ungewöhnlich gut präpariert ist für den Job als „Superminister", wenn er schon so ein Superunternehmen wie eine 7-köpfige Familie durch alle Fährnisse brachte. [...] Und wie ist der Superminister privat? – Karin Clement: „Da ist er Supermann, Supervater und Supergroßvater."[123]

Die Reporter gehen auch davon aus, dass das Publikum solche Inhalte für die nächste Wahlentscheidung nutzt. Im selben Artikel über Wolfgang Clement wird daher dessen Ehefrau wie folgt vorgestellt.

Wenn ein Politiker eine auffallend sympathische Frau hat, beginnt der Bürger sofort zu hoffen: Der kann ja so schlecht nicht sein – bei so einer Frau! In der Wahl seiner Frau offenbart sich der Mann mehr, als ihm manchmal lieb ist ...[124]

Doch nicht nur die Journalisten wollen anhand privater Informationen auf politische Fähigkeiten schließen und bedienen sich, eventuell auch aus handwerk-

---

[123] *Bunte*, Artikel Nr.96.
[124] Ebd.

lichen und dramaturgischen Gründen, dieser Präsentationsformen. Ähnliche Wertungen gehen auch von den Politikern aus. In den theoretischen Betrachtungen der vorliegenden Arbeit wurde schon darauf hingewiesen, dass sie sich möglicherweise bei solchen Auftritten genau diese Übertragungen von der persönlichen Ebene auf die professionelle Eignung erhoffen. Einige Protagonisten sprechen in den Artikeln ganz direkt an, dass sie sich mit den geschilderten Szenen für ein Amt empfehlen wollen: „Es ist ein Unterschied, ob ein Politiker als kühler Technokrat die Dinge beurteilt – oder als Familienvater, der weiß, wie normale Menschen leben." Mit diesem Satz bewarb sich etwa 2004 Jürgen Rüttgers (CDU) in der *Bunten* für den Posten als Ministerpräsident.[125]

In den Texten finden sich ferner einige Anzeichen dafür, dass diese Berichterstattung tatsächlich als eine Art ‚Tauschgeschäft' begriffen wird, das es den Hauptfiguren einerseits ermöglicht, politische Botschaften in einem unterhaltungsorientierten Umfeld unterzubringen. Dafür wird aber erwartet, dass der Politiker andererseits dem Magazin auflagenfördernde private Einblicke gewährt. Allerdings scheint über die Frage, wie viel jede Seite zu diesem Tausch beiträgt, nicht immer Einigkeit zu bestehen. So kämpft Rudolf Scharping (SPD) 2001 in einem Interview ganz offenbar mit dem Journalisten darum, wie viel Privates und wie viel Politisches zur Sprache kommen soll. Zwar zeigt er sich bereit, sehr persönliche Informationen über sein Liebesleben zu liefern; auch lässt er von sich und seiner neuen Partnerin die später mit viel Häme bedachten Fotos im Pool schießen. Mehrfach weist Scharping jedoch darauf hin, dass er sich den Gesprächsverlauf ganz anders vorgestellt hatte – und befürchtet am Ende des Interviews, dass er mit seinen Botschaften nicht recht zum Zuge gekommen ist. Diese Mischung aus Abwehren und Preisgeben liest sich in einem – stark gekürzten – Auszug so:

Bunte: „Steht der Ehevertrag schon?"

---

[125] Die Homestory enthält zudem die Titelzeilen: „Papa an die Macht: Jürgen Rüttgers will NRW-Ministerpräsident werden. Für seine Familie ist er jetzt schon der Größte." Quellenangaben nach: *Bunte*, Artikel Nr.112.

Rudolf Scharping: „(...) Bei aller Liebe: Wir sollten endlich auf die Politik kommen."

Bunte: „Ich dachte, im Urlaub würden Sie lieber über Ihr privates Glück sprechen. Also dann: Gehen sie wirklich davon aus, dass Rot-Grün im nächsten Jahr wiedergewählt wird?"

Scharping: „Die Chancen stehen gut ..."

(...)

Bunte: „Zu Ihnen: Was treibt Sie bei dem jeweils anderen zur Weißglut?"

Scharping: „Weißglut nein, Glut ja. Aber ich fürchte, wir haben viel zu wenig über Politik gesprochen."

Bunte: „Das nächste Mal werden wir das nachholen, versprochen! Aber Ihr Glück und der leichte Wein waren einfach zu stimulierend, um nur ein allzu ernstes politisches Gespräch zu führen."[126]

Die bislang zitierten Textstellen sind durchaus widersprüchlich im Hinblick darauf, welche Seite wen instrumentalisiert oder ob letztlich beide, Politiker und Journalisten, eine gleichberechtigte Tauschbeziehung eingehen. Mitunter scheinen dabei, je nach Fall, unterschiedliche Motive, Machtverhältnisse und sogar die Geschicklichkeit der Akteure die Berichterstattung zu bestimmen.

6.6 „Ich will nicht, dass das private Glück zu einer öffentlichen Schau verkitscht wird" – eine Metadiskussion

In einigen Artikeln wird die eingangs beschriebene Privatisierungsthese von den Journalisten oder den befragten Akteuren aufgegriffen. Dabei wird die öffentliche Zurschaustellung des Privatlebens von den Politikern durchweg negativ beurteilt. Das ist erstaunlich, da sie selbst, wie zuvor gezeigt wurde, für sich reklamieren, dass der private Umgang auch etwas über die politische Befähigung aussage. Bei direkter Nachfrage jedoch geben die Protagonisten an, diesen Strategien nichts abgewinnen zu können – und kritisieren andere Politiker, die private Informationen in den Boulevardmedien preisgeben. Guido Westerwelle äußert sich, nachdem er den *Stern*-Reportern seine Wohnräume, sein Schlafzimmer und das Haus seines Vaters gezeigt hat, zu diesen Fragen beispielsweise so:

---

[126] *Bunte*, Artikel Nr.88.

„Ich möchte nicht, dass mein Privatleben öffentlich wird. Ich habe keine Angst davor, aber ich will es einfach nicht", sagt der Sohn [gemeint ist Guido Westerwelle, die Verf.]. Er hat sich gefragt: Könntest du so im Pool plantschen wie Scharping. Neinneinnein.[127]

In einem Interview formuliert Westerwelle sein Verständnis von den Grenzen der Berichterstattung noch etwas grundsätzlicher:

„Die Privatsphäre muss eine Tabuzone für die Öffentlichkeit bleiben können. Ich habe es beispielsweise entsetzlich gefunden, als bei einigen Politikern plötzlich Ehegeschichten die Schlagzeilen bestimmten. Niemand fragte mehr nach der Politik. Wir sind keine Angehörigen von Königshäusern, keine Filmsternchen. Wir sind auf Zeit gewählte Bürger aus der Mitte der Gesellschaft. Das verpflichtet nicht zum Exhibitionismus." [128]

Allen anderen Politiker wird also zugeschrieben, bewusst Tabus zu brechen und strategische Imagemaßnahmen zu nutzen, die sogar eine Gefahr für die demokratische Kultur bedeuteten. Die Berichterstattung über die eigene Person sei im Vergleich dazu harmlos. Sogar die Familienmitglieder, die in den Artikeln zu Wort kommen, lehnen den imagefördernden Einsatz des Privatlebens ab – ohne dabei jedoch die eigene Rolle in den Homestories in Frage zu stellen. Dass sie allzu freizügige Formen der Präsentation unerträglich finde, erklärt beispielsweise Marita Blüm, die Ehefrau des CDU-Politikers Norbert Blüm, als sie 1982 in der *Bunten* gemeinsam mit ihrem Mann auftritt:

„Es wäre für mich entsetzlich, wenn wir Frauen in der Bundesrepublik so in den Wahlkampf eingespannt wären, wie das in Amerika üblich ist", empört sich die Hausfrau und studierte Theologin. Viel lieber widmet sich die meist schlicht gekleidete Mutter ihren drei Kindern ..."[129]

Insgesamt zeigt sich somit ein deutlicher Widerspruch zwischen dem Agieren der Politiker in Homestories und ihrer Einstellung gegenüber solchen Berichten. Selbst SPD-Mann Rudolf Scharping – also ein Politiker, der seine Privatsphäre

---

127 *Stern,* Artikel Nr.39.
128 *Bunte,* Artikel Nr.83.
129 *Bunte,* Artikel Nr.32.

in opulenten Bildstrecken und sehr ausführlichen Interviews nach außen getragen hat – äußert eine dezidierte Meinung, die allerdings gar nicht mit seinen Presseauftritten übereinstimmt: „Ich will nicht, dass das private Glück zu einer öffentlichen Schau verkitscht wird."[130] Offenbar gehört zur Privatisierungsstrategie also auch, genau diese abzustreiten und stattdessen für das Aufrechterhalten bestimmter Grenzen einzutreten.

---

[130] *Bunte,* Artikel Nr.88.

7 Zusammenfassung und Ausblick

Die vorliegende Studie stellte die Frage, wie sich die Berichterstattung über das Privatleben von Politikern in Deutschland verändert hat. Im Mittelpunkt stand dabei die auch als „Privatisierungsthese" geläufige Annahme, politische Akteure präsentierten diese Sphäre immer offener in den Medien. Um zu entscheiden, ob die These zutreffend ist oder zurückgewiesen werden muss, wählte die Arbeit einen bestimmten Artikeltyp – so genannte Homestories – als Untersuchungseinheiten aus, an denen sich Veränderungen im Zeitverlauf verfolgen ließen.

Im quantitativen Teil der Studie konnte gezeigt werden, dass das Publikum zum einen tatsächlich immer häufiger private Einblicke erhielt: Im Analysezeitraum, von den ersten Abdrucken 1957 bis ins Jahr 2007, nahm die Zahl der veröffentlichten Politiker-Homestories zu. Ebenso wurde in den Artikel über immer mehr Bereiche des Privatlebens berichtet – was als fortschreitende „Intimisierung" der Zeitschrifteninhalte gedeutet werden kann. Ähnlich interpretieren lässt sich auch die beobachtete Zunahme der „Umfeld-Homestories", die einzelne Personen aus dem persönlichen Umfeld des Politikers näher vorstellt und damit den Fokus immer stärker ins Privatleben hinein verschiebt.

Andere Unterhypothesen der Studie lassen sich hingegen nicht aufrecht erhalten. So bestätigte sich die Annahme, dass die Berichte selbst immer umfangreicher werden, nicht voll: Zwar nahm die Wörterzahl der Artikel im Zeitverlauf leicht zu, die Anzahl der von ihnen eingenommenen Seiten blieb pro Bericht aber fast gleich. Auch die Zahl der abgedruckten Fotos, bei denen private oder offizielle Motive unterschieden wurden, stützt die Privatisierungsthese nicht.

Zusammenfassend ist also festzuhalten, dass zwar von einer zunehmenden Privatisierung der Berichterstattung ausgegangen werden kann. Allerdings stellt sich dieser Wandel nicht so drastisch dar, wie oftmals vermutet wurde. Es scheint zudem stark vom jeweiligen Politiker abhängig zu sein, wie häufig und in welcher Art das persönliche Umfeld in den Medien thematisiert wird. Einige hochrangige Politiker – etwa Kurt Georg Kiesinger, Helmut Schmidt oder Angela Merkel – traten in den untersuchten Magazinen in keiner einzigen Homestory auf. Andere, zum Beispiel Gerhard Schröder oder Willy Brandt, präsentierten sich regelmäßig in solchen Berichten.

Bei einem genaueren Blick auf die Artikelinhalte bestätigen sich darüber hinaus viele Vermutungen, die bislang in der Forschungsliteratur, freilich zumeist ohne empirische Beweise, geäußert wurden. Wie sich die Politiker präsentieren, welche Wertungen sie und die Journalisten mit der Zurschaustellung privater Lebensbereiche verbinden – das folgt oftmals den Regeln eines ‚Hofberichts', der nicht kritisiert, sondern das Positive hervorhebt. Außerdem sind einerseits Anzeichen einer ‚Prominenzierung' zu erkennen, die den Politiker zusehends zum ‚Polit-Star' erhebt. Andererseits kommt auch das Korrektiv, nämlich eine Strategie der ‚Vermenschlichung', zum Einsatz. Sie zeigt die Hauptfiguren als Normalbürger ‚wie du und ich' und wirkt somit dem Eindruck entgegen, die Politiker seien ‚abgehoben' und verstünden die Sorgen der Durchschnittsbevölkerung nicht mehr.

Aus der vorliegenden Untersuchung ergeben sich jedoch zugleich eine Reihe weiterer Fragen. Beispielsweise konnten über das Verhältnis von Politikern und Journalisten in diesem Medienumfeld nur erste Hinweise gewonnen werden – dennoch bleiben Widersprüche und Unklarheiten: Wer initiiert solche Homestories? Welche Vereinbarungen treffen Politiker und Reporter? Wie stark ist folglich der Inszenierungscharakter der Berichte? Erst eine Kommunikatorstudie, die eine Befragung von Magazinreportern und Blattmachern einschließt, könnte die Machtbeziehung und vor allem die Entstehungsbedingungen solcher Berichte klären – wenn denn die mitwirkenden Journalisten zu Auskünften bereit sind.[131]

---

[131] Ob eine weitere Befragung von Politikern, die ihre Einstellung gegenüber Privatberichten erfasst, sinnvoll wäre, ist hingegen fraglich. Denn auch bei diesem Thema spielt die soziale Erwünschtheit eine große Rolle: Politiker würden sicher nicht zugebe, hierbei Image-Strategien zu verfolgen oder sich bewusst auf eine bestimmte Art zu inszenieren.

Auch im Hinblick auf die Rezeption sowie mögliche Wirkungen solcher Artikel erarbeitete die vorliegende Studie einige Anhaltspunkte. Dennoch haben diese überwiegend spekulativen Charakter. Weitere Untersuchungen, vor allem Leserbefragungen, müssten die Vermutungen aufgreifen: Wie werden die politischen, wie die privaten Inhalte in den Berichten wahrgenommen? Welche Glaubwürdigkeit oder wie viel Authentizität weisen die Leser den geschilderten Szenen zu? Kann sich durch private Einblicke jenes Bild, das das Publikum von einem Akteur hat, verändern – oder anders: Zeigt der vermutlich angestrebte Image-Aufbau Erfolge?

Ferner ließe sich die Privatisierungsthese anhand anderer Medieninhalte präzisieren. Diese Studie befasste sich mit nur einer Artikelgattung; daneben finden sich in Boulevardblättern und sonstigen Angeboten jedoch andere Formate, derer sich eine solche Untersuchung annehmen könnte. Zahlreiche Magazinbeiträge, die im Laufe der Arbeit neben der eigentlichen Recherche gesichtet wurden, liefern ähnliche Inhalte wie die hier analysierten Homestories: Nach gesellschaftlichen Anlässen werden beispielsweise Kleidung und Stil der Politiker analysiert sowie in Fotostrecken ihre Angehörigen abgebildet. Politiker werden, ähnlich wie Schauspieler oder Spitzensportler, von Paparazzi verfolgt. Die *Bunte* misst gar regelmäßig mit einem „Star Control – Politik" genannten Barometer[132], wer „die wichtigsten Menschen in den deutschen Medien" sind oder wer „in mediale Vergessenheit gerät". Die Politiker treten mit ihrer „persönlichen Bedeutungs-Kennziffer" nicht nur in einer eigenen Kategorie an, sondern müssen sich hinsichtlich ihrer medialen Bedeutung mit anderen Personen, zumeist Showgrößen, messen.

Bei der hier diskutierten Privatisierung der politischen Kommunikation handelt es sich wahrscheinlich nur um eines der Phänomen, die letztlich mit einem größeren Wandel verbunden sind: Die vorliegenden Befunde sowie jene abschließend geschilderten Beobachtungen liefern weitere Argumente für die

---

[132] Für den Indexwert, mit der die Politiker „an dieser Wichtigkeits-Börse gehandelt" werden, ergibt sich aus der Anzahl der Erwähnungen in mehr als 1.000 Online-Medien. Online unter: www.bunte-starcontrol.de.

These von einer Ökonomie der Aufmerksamkeit, der nun auch Politiker unterworfen sind. Sie führt dazu, dass dem Publikum und damit der Wählerschaft in der Öffentlichkeit andere Bilder von der Politik und ihren Hauptfiguren geboten werden. Ob diese den Wählern dann in der Tat eine sinnvolle ‚Orientierungshilfe' bieten, bleibt angesichts der wiedergegebenen Inhalte und Befunde fraglich.

8 Literaturverzeichnis

Becker, Peter von (2007): Von Medien, Macht und Menschen: Alles erlaubt? – Was die Affäre Horst Seehofer über das Verhältnis von Politik und Privatsphäre erzählt. In: Der Tagesspiegel (18.01.2007).

Behnke, Joachim (2005): Lassen sich Signifikanztests auf Vollerhebungen anwenden? In: Politische Vierteljahresschrift 46/1, S.16-26.

Behnke, Joachim/ Behnke, Nathalie (2006): Grundlagen der statistischen Datenanalyse. Eine Einführung für Politikwissenschaftler. Wiesbaden: Verlag für Sozialwissenschaften.

Behrent, Michael (2000): Politik ist nicht Persil. Und politische Kommunikation ist nicht Markenkommunikation. In: Neue Soziale Bewegungen 13/3, S. 81-87.

BGH (2008): Urteil des Bundesgerichtshofes vom 24.06.2008. Aktenzeichen: VI ZR 156/06.

BLZ (2008): Unverfängliche Situation. Heide Simonis verliert einen Prozess um Fotos, die sie beim Einkaufen zeigen. In: Berliner Zeitung (25.06.2008). [o.A.]

Bohrmann, Hans (2002): Über Zeitschriftenforschung als Teil der Publizistik- und Kommunikationswissenschaft. In: Andreas Vogel und Christina Holtz-Bacha (Hrsg.): Zeitschriften und Zeitschriftenforschung. Wiesbaden: Westdeutscher Verlag, S.28-41. (= Publizistik. Vierteljahresschrift für Kommunikationsforschung, Sonderheft 2).

Bortz, Jürgen (1999): Statistik für Sozialwissenschaftler. 5., vollständig überarbeitete und aktualisierte Auflage. Berlin/ Heidelberg/ New York: Springer.

Broscheid, Andreas/ Gschwend, Thomas (2005): Zur statistischen Analyse von Vollerhebungen. In: Politische Vierteljahresschrift 46/1, S.1-15.

Brosda, Carsten (2002): „Und von Hause aus bin ich Rechtsanwalt und habe einen Hund." Politikerauftritte in Unterhaltungssendungen am Beispiel „Big Brother". In: Martin Schweer, Christian Schicha und Jörg-Uwe Nieland (Hrsg.): Das Private in der Öffentlichen Kommunikation: „Big Brother" und die Folgen. Köln: Halem, S.206-232.

Brosius, Felix (2006): SPSS 14. Das mitp-Standardwerk. Heidelberg: mitp.

Brosius, Hans-Bernd/ Koschel, Friederike (2001): Methoden der empirischen Kommunikationsforschung. Eine Einführung. Wiesbaden: Westdeutscher Verlag.

Brosius, Hans-Bernd/ Koschel, Friederike (2005): Methoden der empirischen Kommunikationsforschung. Eine Einführung: Wiesbaden: VS Verlag für Sozialwissenschaften.

Burg, Klemens/ Haf, Herbert/ Wille, Friedrich (2006): Analysis I. 7., überarbeitete und erweiterte Auflage. Wiesbaden: Teubner.

Crouch, Colin (2008): Postdemokratie. Frankfurt a.M.: suhrkamp.

Diekmann, Andreas (2001): Empirische Sozialforschung. Grundlagen, Methoden, Anwendungen. 7., durchgesehene Auflage. Reinbek bei Hamburg: Rowohlt.

Dörner, Andreas/ Vogt, Ludgera (2002): Wahlkampf im Unterhaltungszeitalter. In: Matthias Machnig (Hrsg.): Politik – Medien – Wähler. Wahlkampf im Medienzeitalter. Opladen: Leske + Budrich, S.9-20.

Döveling, Katrin/ Hoffmann, Dagmar (2007): Politische Mobilisierung durch Emotionalisierung und Popularisierung. Genderspezifische Wahrnehmung von Politik. Grenzen und Potentiale. Abstract zum Vortrag im Rahmen der Konferenz „Politik auf dem Boulevard?". URL: http://www.polsoz.fu-berlin.de/kommwiss/institut/journalistik/politik/abstracts (Zugriff: 25.09.2007).

Fischer, Heinz-Dietrich (1985): Publikumszeitschriften – ein Lehr- und Forschungsdefizit. In: Publikumszeitschriften in Deutschland: Palette – Probleme – Perspektiven. Hrsg. v. Heinz-Dietrich Fischer. Konstanz: Universitätsverlag, S.15-64.

Franck, Georg (1998): Ökonomie der Aufmerksamkeit. Ein Entwurf. München/ Wien: Hanser.

Frey, Siegfried (1999): Die Macht des Bildes. Der Einfluss der nonverbalen Kommunikation auf Kultur und Politik. Bern / Göttingen u.a.: Verlag Hans Huber.

Früh, Werner (2004): Inhaltsanalyse. Theorie und Praxis. 5. Auflage. Konstanz UVK.

Früh, Werner (2007): Inhaltsanalyse. Theorie und Praxis. 6. Auflage. Konstanz: UVK.

Gerhards, Jürgen, Neidhardt, Friedhelm (1993): Strukturen und Funktionen moderner Öffentlichkeit: Fragestellungen und Ansätze. In: Wolfgang Langenbucher (Hrsg.): Politische Kommunikation: Grundlagen, Prozesse, Strukturen. Wien: Braumüller, S.52-88. (= Studienbücher zur Publizistik- und Kommunikationswissenschaft 2).

Hildebrandt, Tina (2007): Wenn die Liebe hinfällt. In: Die Zeit 1/2008 (27.12.2007), S.2.

Hofmann, Gunter (1997): Die Schröders – ein Medienkrieg. In: Die Zeit 34/1997 (15.08.1997).

Hoffmann-Riem, Wolfgang (2000): Politiker in den Fesseln der Mediengesellschaft. In: Politische Vierteljahresschrift 41/1, S.107-127.

Holtz-Bacha, Christina (1989): Unterhaltung ernst nehmen. Warum sich die Kommunikationswissenschaft um den Unterhaltungsjournalismus kümmern muß. In: Media Perspektiven 4 , S.200-206.

Holtz-Bacha, Christina (2000): Entertainisierung der Politik. In: Zeitschrift für Parlamentsfragen 31,1, S.156-166.

Holtz-Bacha, Christina (2001): Das Private in der Politik. Ein neuer Medientrend? In: Aus Politik und Zeitgeschichte 41/42, S.20-27.

Holtz-Bacha, Christina (2004): How the Private Life of Politicians got into the Media. In: Parliamentary Affairs. A Journal of Comparative Politics 57/1 S.41-52.

Holtz-Bacha, Christina/ Zoonen, Liesbet van (2000): Personalisation in Dutch and German Politics: The Case of Talk Show. In: The Public 7,2, S.45-56.

Jarren, Otfried (2001): "Mediengesellschaft" – Chancen und Risiken für die politische Kommunikation. In: Aus Politik und Zeitgeschichte 41/42, S.10-19.

Kamps, Klaus (2001): Wir kaspern uns zur Wahl durch, oder: Was macht die Politik im Container? In: Forum Medienethik 1, S.76-79.

Kamps, Klaus (2002): Kommunikationsmanagement in der Politik. Anmerkungen zur „zirsensischen Demokratie". In: Heribert Schatz (Hrsg.): Politische Akteure in der Mediendemokratie. Politiker in den Fesseln der Medien? Wiesbaden: Westdeutscher Verlag, S.101-112.

Katschura, Kathrin (2005): Politiker als Prominente. Wie nehmen Fernsehzuschauer Politikerauftritte in Personality-Talks wahr? Eine qualitative Analyse. Münster: LIT Verlag.

Kepplinger, Hans Mathias (2001): Der Ereignisbegriff in der Publizistikwissenschaft. In: Publizistik 46/2, S.117-139.

Klein, Ansgar/ Schmalz-Bruns, Rainer (1997): Politische Beteiligung und Bürgerengagement in Deutschland. Möglichkeiten und Grenzen. Baden-Baden: Nomos.

Koch, Peter (1985): „Stern". In: Heinz-Dietrich Fischer (Hrsg.): Publikumszeitschriften in Deutschland: Palette – Probleme – Perspektiven. Konstanz: Universitätsverlag, S.153-164.

Konietzka, Dirk (1995): Lebensstile im sozialstrukturellen Kontext. Opladen: Westdeutscher Verlag.

Korte, Karl-Rudolf (2005): Wahlen in der Bundesrepublik Deutschland. 5., überarbeitete und aktualisierte Auflage. Bonn: Bundeszentrale für politische Bildung.

Kromrey, Helmut (2002): Empirische Sozialforschung. Modelle und Methoden der standardisierten Datenerhebung und Datenauswertung. 10. vollständig überarbeite Auflage. Opladen: Leske + Budrich.

Kuhne, Stefanie (2000): Bilder-Krisen – Krisen-Bilder. Ikonen und Bilderfluten der multimedialen Gesellschaft. In: Klaus Kamps (Hrsg.): Trans-Atlantik – Trans-Portabel? Die Amerikanisierungsthese in der politischen Kommunikation. Wiesbaden: Westdeutscher Verlag, S.287-306.

Lamnek, Siegfried (2005): Qualitative Sozialforschung. Lehrbuch. 4., vollständig überarbeitete Auflage. Weinheim und Basel: Beltz.

Langer, Ana, Inés (2007): A Historical Exploration of the Personalisation of Politics in the Print Media: The British Prime Ministers (1945-1999). In: Parliamentary Affairs 60/3, S.371-381.

Leeb, Johannes (1985): „Quick". In: Heinz-Dietrich Fischer (Hrsg.): Publikumszeitschriften in Deutschland. Palette – Probleme – Perspektiven. Konstanz: Universitätsverlag, S.199-213.

Lisch, Ralf/ Kriz, Jürgen (1978): Grundlagen und Modelle der Inhaltsanalyse. Bestandsaufnahme und Kritik. Reinbek bei Hamburg: Rowohlt.

Macho, Thomas H. (1998): Zur Medialisierung der Politik. Einige Beobachtungen zum Strukturwandel politischer Herrschaft. In: Jörg Calließ (Hrsg.): Die Inszenierung von Politik in den Medien. Die Inszenierung von Politik für die Medien. Loccum: Evangelische Akademie Loccum, S.102-113.

Mahkorn, Richard (1985): „Neue Revue". In: Heinz-Dietrich Fischer (Hrsg.): Publikumszeitschriften in Deutschland. Palette – Probleme – Perspektiven. Konstanz: Universitätsverlag, S.190-198.

Mayring, Philipp (2005): Neuere Entwicklungen in der qualitativen Forschung und der Qualitativen Inhaltsanalyse. In: Philip Mayring und Michaela Gläser-Zikuda (Hrsg.): Die Praxis der Qualitativen Inhaltsanalyse. Weinheim und Basel: Beltz, S.7-19.

Merten, Klaus (1995): Inhaltsanalyse. Einführung in Theorie, Methode und Praxis. 2., verbesserte Auflage. Opladen: Westdeutscher Verlag.

Meyer, Thomas (2001): Mediokratie: Die Kolonialisierung der Politik durch die Medien. Frankfurt a.M.: edition suhrkamp.

Nieland, Jörg-Uwe (2000): Politics goes popular. Anmerkungen zur Popularisierung der politischen Kommunikation. In: Klaus Kamps (Hrsg.): Trans-Atlantik – Trans-Portabel? Die Amerikanisierungsthese in der politischen Kommunikation. Wiesbaden: Westdeutscher Verlag, S.307-330.

Nohlen, Dieter (1998): Lexikon der Politik. Band 7: Politische Begriffe. München: Beck.

Oberreuter, Heinrich (2002): Die Amerikanisierung des Wahlkampfes in Deutschland. In: Oswald Panalg und Robert Kriechbaumer (Hrsg.): Wahlkämpfe. Sprache und Politik. Wien: Böhlau, S.129-142.

Olhausen, Manuela (2005): Politische Kommunikation im Wandel. Die deutschsprachige Presse des (ehemaligen) Ostblocks zwischen 1980 und 2000. Hamburg: Kovac. (= Diss. München 2004).

Otte, Gunnar (2004): Sozialstrukturanalysen mit Lebensstilen. Eine Studie zur theoretischen und methodischen Neuorientierung der Lebensstilforschung. Wiesbaden: Verlag für Sozialwissenschaften.

Peters, Birgit (1996): Prominenz. Eine soziologische Analyse ihrer Entstehung und Wirkung. Opladen: Westdeutscher Verlag.

Prantl, Heribert/ Schäuble, Wolfgang: Elite. Interview mit Wolfgang Schäuble. In: SZ-Magazin Nr.25 (20.06.2008).

Renger, Rudi (2002): Politikentwürfe im Boulevard. Zur Ideologie von „Tabloid-Formaten". In: Christian Schicha und Carsten Brosda (Hrsg.): Politikvermittlung in Unterhaltungsformaten. Medieninszenierungen zwischen Popularität und Populismus. Münster: LiT Verlag, S.223-232.

Rössler, Patrick (2005): Inhaltsanalyse. Konstanz: UVK.

Sakowski, Norbert (1985): „Bunte". In: Heinz-Dietrich Fischer (Hrsg.): Publikumszeitschriften in Deutschland. Palette – Probleme – Perspektiven. Konstanz: Universitätsverlag, S.176-189.

Schatz, Heribert/ Rössler, Patrick/ Nieland, Jörg-Uwe (2002): Politische Akteure in der Mediendemokratie: Einführung in die Thematik und Überblick über die Beiträge des Tagungsbandes. In: dies. (Hrsg.): Politische Akteure in der Mediendemokratie. Politiker in den Fesseln der Medien? Wiesbaden: Westdeutscher Verlag, S.11-18.

Schnell, Rainer/ Hill, Paul B./ Esser, Elke (2005): Methoden der empirischen Kommunikationsforschung. 7., völlig überarbeitete und erweiterte Auflage. München/ Wien: Oldenbourg.

Sennett, Richard (1996): Verfall und Ende des öffentlichen Lebens. Die Tyrannei der Intimität. Frankfurt a.M.: Fischer, S.343.

SpOn (2008): Parteien wettern gegen Politiker-Casting. URL: http://www.spiegel.de/ kultur/gesellschaft/0,1518,552538,00.html (Zugriff: 11.05.2008)

SZ (2001): Streiflicht. In: Süddeutsche Zeitung (15.06.2001). [o.A.]

Tonnemacher, Jan (2003): Kommunikationspolitik in Deutschland. Eine Einführung. 2., überarbeitete Auflage. Konstanz: UVK.

Vogel, Andreas/ Holtz-Bacha, Christina (2002): Vorwort. In: dies. (Hrsg.): Zeitschriften und Zeitschriftenforschung. Wiesbaden: Westdeutscher Verlag, S.7f. (= Publizistik. Vierteljahresschrift für Kommunikationsforschung, Sonderheft 3).

Vogel, Andreas (2002): Pressegattungen im Zeitschriftengewand. Warum die Wissenschaft eine Pressesystematik braucht. In: Andreas Vogel und Christina Holtz-Bacha (Hrsg.): Zeitschriften und Zeitschriftenforschung. Wiesbaden: Westdeutscher Verlag, S.11-27.

Vogel, Friedrich (1999): Beschreibende und schließende Statistik. Formeln, Definitionen, Erläuterungen, Stichwörter und Tabellen. 11., ergänzte Auflage. München/ Wien: Oldenbourg.

Vogt, Ludgera (2002): Scharping im Pool. Über Chancen und Risiken der Privatisierung des Politischen. In: Christian Schicha und Carsten Brosda (Hrsg.): Politikvermittlung in Unterhaltungsformaten. Medieninszenierungen zwischen Popularität und Populismus. Münster: LIT Verlag, S.134-151.

Wagner, Jochen W. (2005): Deutsche Wahlwerbekampagnen made in USA? Amerikanisierung oder Modernisierung bundesrepublikanischer Wahlkampagnen. Wiesbaden: Verlag für Sozialwissenschaften.

Wiebusch, Dagmar (2000): Politische Kommunikation. Gratwanderung zwischen Information und Inszenierung. In: Neue soziale Bewegungen. 13/3, S. 75-80.

Zöfel, Peter (1985): Statistik in der Praxis. Stuttgart: Fischer.

Zoonen, Liesbet van (1998): "Finally, I Have My Mother Back". Politicians and Their Families in Popular Culture. In: Press/Politics 3/1, S.48-6.

Anhang I

Codebuch

1. Definitorischer Rahmen: Allgemeine Codierhinweise, Analyseeinheiten und Definitionen

2. Formale Kategorien

3. Akteursorientierte Kategorien

4. Thematische Kategorien

5. Bebilderung

6. Leitfragen zur qualitativen Untersuchung

---

1. Definitorischer Rahmen:
Allgemeine Codierhinweise, Codiereinheiten und Definitionen

Allgemeine Hinweise

Die geplante Studie befasst sich mit der Darstellung des Privatlebens von Politikern in den Medien. Sie untersucht diese Form der Berichterstattung in den Unterhaltungszeitschriften *Bunte* und *Stern;* die Analyse setzt 1948 ein und umfasst insgesamt 60 Jahrgänge bis ins Jahr 2007. Ziel ist es, zu prüfen, ob solche Berichte über das Privatleben der Politiker im Laufe dieser Untersuchungsspanne zugenommen haben. Ferner soll analysiert werden, ob und wie sich die Artikel in diesem Zeitraum verändert haben.

Codiereinheit und Definition der „Politiker-Homestory"

Codiereinheit in dieser Untersuchung ist ein einzelner Artikel, nämlich die einzelne „Politiker-Homestory". Sie ist ein Magazinbeitrag, der zwei Anforderungen erfüllt: Sein Handlungsort ein erkennbar privater und sein journalistisches Interesse gilt einem Akteur aus der Politik.

Erstere Anforderung ist erfüllt, wenn der Protagonist von den Journalisten in seinem privaten Umfeld besucht wird – genauer gesagt: in seinem Privathaus, seiner Privatwohnung, dem Urlaubsdomizil, dem Elternhaus oder dem eigenen Garten. Diese Orte lassen sich abgrenzen von der öffentlichen Sphäre und ihren Schauplätzen, beispielsweise dem Bundestag oder einem Parlamentsbüro, die ebenso als Handlungsräume eines Artikels dienen könnten, aber hier nicht von Interesse sind. Als Homestory sind allerdings auch jene Beiträge einzuordnen, die vor mehreren Kulissen „spielen", da sie den Politiker in seinem Alltag begleiten. Wenn sie dabei *auch* den Blick auf private Orte richten, so gilt der Artikel folglich ebenfalls als „Politiker-Homestory".

Die zweite Anforderung, nach der der Artikel einen Politiker ins Zentrum stellen muss, ist erfüllt, wenn es sich um eine Person handelt, die ein politisches Amt von der kommunalen Ebene bis hin zum Staatsoberhaupt bekleidet, anstrebt oder innehatte. Sollte es sich um einen ehemaligen Amtsträger, also einen „Altpolitiker" handeln, ist der Bericht nur als Politiker-Homestory zu werten, wenn die betreffende Person zum Zeitpunkt der Veröffentlichung nicht hauptberuflich in einer anderen Branche tätig geworden ist und deshalb über sie berichtet wird.

Ebenfalls als „Politiker-Homestory" ist ein Magazinbeitrag zu werten, der nicht den Politiker selbst, sondern eine Person aus seinem privaten Umfeld ins Zentrum rückt. Beispielsweise könnte so ein Bericht die Ehefrau eines Ministers oder seine Tochter näher vorstellen.

Eine Homestory, die den Besuch bei diesen Akteuren schildert, kann in Form eines Interviews oder eine Reportage abgefasst sein. Wichtig ist weiterhin, dass der Artikel die Kooperation der Politiker erkennen lässt. Paparazzi-Bilder oder „verdeckte" Recherchen und Nachstellaktionen zählen nicht zum Kreis jener Berichte, die in der vorliegenden Arbeit untersucht werden sollen. Gleichfalls ist eine Arbeit aus dem Analysematerial auszuschließen, wenn es sich erkennbar um eine Mehrfachverwendung älterer Inhalte handelt. Das wäre etwa der Fall, wenn der Magazinbeitrag über einen anderen Artikel oder bestimmte Fotos aus anderen Veröffentlichungszusammenhängen berichtet. Erkennbar ist das zum Beispiel an Fotocredits oder an Hinweisen im Text („Wie Zeitung XY berichtete ...").

Zu dieser Codiereinheit zählen alle Bilder, Grafiken und Kästen, die zum Beitrag im Sinne einer zusammen produzierten, thematischen Einheit gehören. Ebenso zählen Lead-Sätze, Unterzeilen, Einblocker und Bildunterschriften zur Codiereinheit, die entsprechend in der (v.a. inhaltlichen) Analyse zu berücksichtigen sind. Eine Codiereinheit kann von anderen Berichten im selben Heft nicht durch den inhaltlichen Schwerpunkt abgegrenzt werden, sondern ist darüber hinaus durch umbruchtechnische bzw. optische Mittel, beispielsweise Rahmungen, zu unterscheiden.

Formale Kategorien

V01:Medium
Anzugeben ist hier, in welcher Zeitschrift die Homestory erschienen ist:

1 = Bunte

2 = Stern

V02: Erscheinungsdatum

Das Datum der Veröffentlichung ist achtstellig zu notieren (Titelblatt der Zeitschrift / Impressum / Inhaltsverzeichnis sind mögliche Fundstellen!)

V03: Überschrift

Zu notieren ist hier die Überschrift der Homestory; Unterüberschriften oder Lead-Ins sind nicht festzuhalten.

V04: Wörterzahl

Zu notieren ist hier die genaue Wörteranzahl der Homestory. Dabei sind alle Textbestandteile, also zum Beispiel auch die Bildunterschriften oder einzelne Einblocker, einzubeziehen.

V05: Seitenanzahl

Zu notieren ist die Seitenanzahl einer Homestory mit allen Bestandteilen (Fotostrecken, Textpassagen etc.). Sollten sich Werbeanzeigen, andere Artikel bzw. redaktionelle Verweise auf andere Heftinhalte auf den Seiten einer Homestory finden, so sind diese bei der Feststellung der Seitenzahl abzuziehen. Der Umfang der Homestory wird schließlich auf halbe Seiten gerundet, so dass ein Bericht beispielsweise 8,5 oder 2,0 Seiten haben kann. Dabei sind alle Inhalte, deren Größe eine Viertelseite unterschreitet, auf 0 abzurunden. Alle Inhalte, die eine Viertel- bis eine Dreiviertelseite umfassen, sind als halbe Seite zu notieren. Seiteninhalte, deren Umfang eine Dreiviertelseite übersteigt, sind als ganze Seiten zu notieren.

Akteursorientierte Kategorien

V06: Politiker

Zu notieren ist der Name des dargestellten Politikers bzw. – im Falle mehrerer Protagonisten – die Namen der Politiker, die sich in ihrem Privatleben präsentieren. Sollte eine Person aus dem persönlichen Umfeld eines Politikers im Zentrum der Berichterstattung stehen, beispielsweise die Ehefrau eines Ministers, so wird der Name des „dazugehörigen" Politikers aufgenommen.

V07: Parteizugehörigkeit

Hier wird festgehalten, welcher Partei der dargestellte Politiker *zum Zeitpunkt der Berichterstattung* angehörte bzw. ob es sich um einen Politiker aus dem Ausland handelt. Wird die Parteizugehörigkeit nicht im Artikel erwähnt, so sind weitere Quellen zur Feststellung der Mitgliedschaft hinzuzuziehen.

1 =	CDU
2 =	SPD
3 =	FDP
4 =	Grüne / GAL (Grüne Alternative Liste)
5 =	PDS / WASG / Linkspartei
6 =	ausländische Partei
7 =	Sonstiges / Keine Partei

V08: Geschlecht

Festzuhalten ist, ob die vorgestellten Politiker Männer oder Frauen sind. Da in einigen Artikeln mehrere Protagonisten auftreten, sind bei dieser Variable Mehrfachantworten möglich: Alle Politiker, die in der Homestory ihr Privatleben präsentieren, werden also zugeordnet.

1 =   männlich
2 =   weiblich

V09: Status

Hier wird auf einer dreistufigen Skala festgehalten, welcher beruflichen Ebene der dargestellte Politiker *zum Zeitpunkt der Berichterstattung* angehört, also wie „wichtig" oder mächtig er zu dieser Zeit war. Dabei umfasst „Ebene 3" die höchsten Ämter; „Ebene 2" vorrangig die Landespolitik und einige Bundesämter; der „Ebene 1" gehören Politiker ohne Amt bzw. solche mit einer niedrigen Position an. Im Folgenden sind den jeweiligen Ebenen zum besseren Verständnis jeweils häufige Ämter zugeordnet. Bekleidet ein dargestellter Politiker mehrere Ämter zugleich, ist stets das höchste Amt zu werten. Sind diese Positionen nicht im Artikel aufgeführt, so sind weitere Quellen hinzuzuziehen.

1 =   Ebene 1 – zum Beispiel Abgeordnete in Bundes- und Landtag oder in Kreisparlamenten; Nachwuchspolitiker (z.B. aus der Jungen Union und ähnlichen Nachwuchsgruppen); sonstige Lokalpolitiker und „einfache" Parteimitglieder; Politiker ohne Amt

2 =   Ebene 2 – zum Beispiel Ministerpräsidenten oder Landesminister; Bürgermeister von Großstädten; ausländische Minister; Generalsekretäre sowie Vorstandsmitglieder im Bund; Fraktionsvorsitzende im Bundestag

3 =   Ebene 3 – zum Beispiel Bundespräsidenten, Bundeskanzler und Bundesminister; Parteivorsitzende im Bund; ausländische Staatsoberhäupter oder Regierungschefs

V10: „Umfeld-Homestory"

In einigen Artikeln steht, wie erwähnt, nicht der Politiker selbst im Mittelpunkt, sondern eine Person aus seinem privaten Umfeld; zumeist handelt es sich um enge Familienangehörige ("Die Frau an seiner Seite" etc.). Ist dies der Fall, so muss der Artikel als „Umfeld-Homestory" eingeordnet werden.

0 = keine „Umfeld-Homestory"
1 = „Umfeld-Homestory"

Thematische Kategorien

Vorbemerkung

Nachfolgend sind insgesamt 19 Themenbereiche aufgeführt, die das Privatleben eines dargestellten Akteurs in viele kleinere Merkmale aufteilen. Zu notieren ist für jeden Bericht, ob das jeweilige Thema behandelt wird oder nicht – dies kann im Text oder in den Bildern der Fall sein. Um eine bessere Zuordnung zu ermöglichen, werden zudem nähere Definitionen oder Beispiele für einzelne Themenbereiche genannt.

V11: Kindheit und Jugend

Das Merkmal ist gegeben, wenn aus Kindheits- oder Jugendtagen des Politikers berichtet wird. Als „Kindheits- oder Jugendtage" werden alle biographischen Phasen bis zum Abschluss der Ausbildung (Studium, Berufsausbildung etc.) gewertet. Auch mit dem Abdruck von Fotos aus dieser Zeit wäre das Merkmal erfüllt. Nicht vorhanden ist das Merkmal aber, wenn lediglich die politische Biographie des Politikers geschildert oder in Bildern dargestellt wird, also z.B. wann der Parteieintritt erfolgte oder wann ein bestimmtes Amt erreicht wurde.

0 = Merkmal vorhanden
1 = Merkmal nicht vorhanden

V12: Ehe und Partnerschaft

Das Merkmal ist gegeben, wenn aus der Ehe oder der Partnerschaft des Politikers berichtet wird, z.B. wenn Name, Beruf oder Herkunft des Partners genannt werden oder weitere Details zur Sprache kommen. Dabei kann es sich auch um eine zum Zeitpunkt der Berichterstattung beendete Beziehung handeln. Ebenfalls erfüllt ist das Merkmal, wenn Bilder des Partners oder eines Ex-Partners gedruckt werden.

0 =   Merkmal vorhanden
1 =   Merkmal nicht vorhanden

V13: Familie / Nachkommen
Das Merkmal ist gegeben, wenn aus dem Familienleben des Politikers berichtet wird, z.b. indem die Homestory gemeinsame Aktivitäten schildert oder schlicht weitere Familienmitglieder vorstellt. Diese Berichterstattung muss über das Merkmal „Ehe / Partnerschaft" hinaus gehen, also über andere Verwandte des Politikers berichten. Die Variable „Nachkommen" (im Gegensatz zur Variable „Herkunft" s.u.) erfasst dabei nur die Nachkommen, das heißt: Das Merkmal ist lediglich erfüllt, wenn über leibliche oder adoptierte Kinder, Enkel, Patenkinder oder eine Schwangerschaft berichtet wird. Ebenfalls erfüllt ist das Merkmal, wenn Bilder dieser Verwandten gedruckt wurden.

0 =   Merkmal vorhanden
1 =   Merkmal nicht vorhanden

V14: Familie / Herkunft
Das Merkmal ist gegeben, wenn aus dem Familienleben des Politikers berichtet wird, z.b. indem die Homestory gemeinsame Aktivitäten schildert oder schlicht weitere Familienmitglieder vorstellt. Diese Berichterstattung muss über das Merkmal „Ehe / Partnerschaft" hinaus gehen, also über andere Verwandte des Politikers berichten. Die Variable „Herkunft" (im Gegensatz zur Variable „Nachkommen" s.o.) erfasst dabei nur die Nachkommen, das heißt: Das Merkmal ist lediglich erfüllt, wenn über Vorfahren des Politikers, v.a. natürlich sein Elternhaus, oder über Familienangehörige der gleichen Generation, also etwa die

Geschwister des Hauptakteurs, berichtet wird. Ebenfalls erfüllt ist das Merkmal, wenn Bilder dieser Verwandten gedruckt wurden.

0 = Merkmal vorhanden
1 = Merkmal nicht vorhanden

V15: Freundeskreis

Das Merkmal ist vorhanden, wenn im Artikel über Freundschaften oder gemeinsame Aktivitäten mit Freunden berichtet wird oder wenn diese auf Bildern zu sehen sind. Das Merkmal ist auch erfüllt, wenn der Akteur über seine Freundschaften zu anderen Politikern berichtet.

0 = Merkmal vorhanden
1 = Merkmal nicht vorhanden

V16: Affären und Sexualität

Das Merkmal ist vorhanden, wenn über die Homosexualität oder Transsexualität eines Politikers oder einer Person aus seinem Umfeld berichtet wird bzw. wenn diese allgemein thematisiert wird. Ebenfalls ist das Merkmal gegeben, wenn über Affären oder entsprechende Gerüchte berichtet wird.

0 = Merkmal vorhanden
1 = Merkmal nicht vorhanden

V17: Wohnen / Einrichtung

Das Merkmal bezieht sich allein auf die Inneneinrichtung der privaten Räume. Das Merkmal ist gegeben, wenn der Wohnstil, Zuschnitt oder Größe der privaten Räume oder einzelne Einrichtungsgegenstände im Text thematisiert werden oder wenn diese im Bild zu sehen sind.

0 = Merkmal vorhanden
1 = Merkmal nicht vorhanden

V18: Wohnen / Umfeld

Das Merkmal bezieht sich allein auf äußere Aspekte des Wohnens; also etwa die Wohnlage, den Bezirk, die Nachbarschaft: Wo befinden sich die Privathäuser oder -wohnungen des Politikers? Wie sieht es dort aus? Wer wohnt dort außerdem? Was befindet sich in näherer Umgebung? Das Merkmal ist gegeben, wenn diese Fragen im Text oder in Bildern beantwortet werden. Nicht gegeben ist das Merkmal hingegen, wenn lediglich die Stadt oder das Bundesland, wo der Politiker wohnt, genannt werden.

0 =   Merkmal vorhanden
1 =   Merkmal nicht vorhanden

V19: Gesundheit, Krankheit und Tod

Das Merkmal ist gegeben, wenn in Wort oder Bild über die Gesundheit des Politikers oder über die Situation von Personen aus seinem Privatleben berichtet wird. Ebenfalls gilt, dass die berichteten Todesfälle privater Natur sein müssen, damit die Ausprägung „vorhanden" bei diesem Themenbereich vergeben werden kann.

0 =   Merkmal vorhanden
1 =   Merkmal nicht vorhanden

V20: Religion und Spiritualität

Das Merkmal ist vorhanden, wenn der Artikel über das Glaubensbekenntnis oder die Glaubenspraxis des Politikers oder der Personen in seinem Umfeld berichtet. Ebenfalls ist dies gegeben, wenn allgemein religiöse bzw. spirituelle Fragen angesprochen werden.

0 =   Merkmal vorhanden
1 =   Merkmal nicht vorhanden

V21: Kleidung und Stil

Das Merkmal ist erfüllt, wenn im Text darauf eingegangen wird, wie sich die Protagonisten in ihrer Freizeit oder bei öffentlichen Auftritten kleiden bzw. wenn allgemeine Fragen des Stils diskutiert werden. Zu „Kleidung und Stil" gehören dabei auch Äußerlichkeiten wie Make Up, Accessoires oder die Frisur. Das Merkmal ist ebenfalls vorhanden, wenn Fotos gedruckt wurden, die Aufschluss über Kleidung und Stil im Privatleben geben. Nicht erfüllt ist die Variable hingegen, wenn lediglich Fotos aus dem Arbeitsleben gezeigt und die dort abgebildeten Äußerlichkeiten nicht diskutiert werden.

0 =   Merkmal vorhanden
1 =   Merkmal nicht vorhanden

V22: Kulturelle Interessen

Das Merkmal bezieht sich darauf, ob darüber berichtet wird, für welche kulturellen Aspekte oder Ereignisse sich der Protagonist oder sein Umfeld interessieren. Dazu zählen die Bereiche Literatur, Film, Musik, Theater oder Kunst; nicht aber die Massenmedien, deren Nutzung in einer Variable gesondert erfasst wird (s.u.).

0 =   Merkmal vorhanden
1 =   Merkmal nicht vorhanden

V23: Mediennutzung

Das Merkmal ist vorhanden, wenn in Bild oder Text darüber berichtet wird, welche Massenmedien der Politiker oder sein Umfeld nutzen oder auf welche Weise diese rezipiert werden. Die Variable bezieht sich dabei auf die Medien Fernsehen, Presse, Radio sowie Internet. Beispielsweise könnte ein Artikel über die folgenden Fragen Auskunft geben: Welche Zeitungen oder Zeitschriften werden im Haushalt gelesen; welches Fernsehprogramm wird eingeschaltet? Wann werden welche Medienangebote genutzt oder wie werden sie bewertet? Ebenfalls vorhanden ist das Merkmal, wenn darüber Auskunft gegeben wird, welche Endgeräte der Haushalt besitzt und ob ein Internetanschluss vorhanden ist.

Nicht erfüllt ist das Merkmal, wenn lediglich über Interessen berichtet wird, die schon unter „Kulturinteressen" vercodet wurden, dazu zählen beispielsweise das Lieblingsbuch oder der Kinobesuch am Wochenende.

0 =   Merkmal vorhanden

1 =   Merkmal nicht vorhanden

V24: Hobbies

Dieses Merkmal berührt ebenfalls die Freizeitgestaltung des Politikers oder seines Umfeldes. Es muss jedoch ausreichend gegenüber anderen hier erhobenen Variablen abgegrenzt werden. So ist das Merkmal „Hobbies" als „nicht vorhanden" einzustufen, wenn lediglich über die Kulturinteressen, die Mediennutzung, Reisen oder die Urlaubsgestaltung sowie Kochen als Hobby (beides s.u.) berichtet wird, da diese Themenbereiche schon anderweitig in der Codierung erfasst werden.

Als Hobbies werden also alle weiteren Möglichkeiten der Freizeitgestaltung verstanden, insbesondere Sport, Vereinsaktivitäten, Sammlertätigkeiten, Naturerleben oder auch die Beschäftigung mit einem Haustier.

0 =   Merkmal vorhanden

1 =   Merkmal nicht vorhanden

V25: Reisen und Urlaub

Auch dieses Merkmal befasst sich mit der Frage, wie der Politiker oder sein Umfeld ihre Freizeit gestalten: Wohin verreisen sie? Wie verbringen sie den Urlaub? Nicht gegeben ist das Merkmal allerdings, wenn über offizielle Reisen des Amtsträgers – also beispielsweise anlässlich eines Staatsbesuches – berichtet wird. Ebenfalls vorhanden ist das Merkmal, wenn Fotos gedruckt wurden, die die privaten Reisen oder die Urlaubsgestaltung veranschaulichen.

0 =   Merkmal vorhanden
1 =   Merkmal nicht vorhanden

V26: Ernährung und Kochen

Das Merkmal ist vorhanden, wenn in Text oder Bild darüber berichtet wird, wie sich der Politiker oder sein Umfeld ernähren. Ebenfalls der Themenbereich vorhanden, wenn Rezeptideen dieser Personen abgedruckt oder Restaurantbesuche geschildert werden oder wenn über die Aufgabenverteilung in der Familie in Bezug auf die Versorgung, Ernährung und das Kochen berichtet wird.

0 =   Merkmal vorhanden
1 =   Merkmal nicht vorhanden

V27: Finanzen

Das Merkmal ist vorhanden, wenn der Umgang mit Geld im Text oder auf Bildern thematisiert wird. Dies kann geschehen, indem beispielsweise über das Einkommen, über einzelne Ausgabeposten, Investments, Kontostände, Angespartes oder die Altersvorsorge berichtet wird. Auch wenn ganz allgemein Tipps zur Haushaltsführung (z.B. Haushaltsbuch) wiedergegeben sind oder die Sparsamkeit als Wert hervorgehoben wird, ist der Themenbereich vorhanden.

0 =   Merkmal vorhanden
1 =   Merkmal nicht vorhanden

V28: Konsum

Das Merkmal ist gegeben, wenn in Text oder Bild darüber berichtet wird, welche Konsumgewohnheiten der Politiker oder sein Umfeld pflegen: Welche Produkte oder Produktgruppen nutzen sie, wie erledigen sie Einkäufe? Ebenso gilt der

Themenbereich als vorhanden, wenn bestimmte Marken erwähnt werden, die der Protagonist oder sein Umfeld konsumieren, beispielsweise wenn sie ein bestimmtes Automodell besitzen.

0 =   Merkmal vorhanden
1 =   Merkmal nicht vorhanden

V29: Drogen

Das Merkmal ist vorhanden, wenn in Text oder Bild über den Drogenkonsum des Protagonisten oder seines Umfeldes berichtet wird bzw. wenn allgemein über Drogen gesprochen wird.

0 =   Merkmal vorhanden
1 =   Merkmal nicht vorhanden

V30: Politik

In welchem Maße der Artikel über Politik berichtet, wird auf einer dreistufigen Skala erhoben, wobei „0" für keine Thematisierung steht, „1" für ein geringes Maß an Politik in der Homestory und „2" für eine ausführliche Berichterstattung.

0 = Politik nicht thematisiert – es werden lediglich die „Basisdaten" zum Protagonisten genannt; also beispielsweise seine Parteizugehörigkeit oder sein aktuelles Amt

1 = Politik wenig thematisiert – es werden mehr Informationen als nur die oben beschriebenen „Basisdaten" gegeben, beispielsweise wird auf einen aktuellen Wahlkampf oder einen Konflikt verwiesen; die politischen Inhalte bleiben aber oberflächlich und sind kurz gehalten; die politischen Passagen umfassen nicht mehr als 200 Wörter; im Vordergrund steht weiterhin klar das Privatleben des Politikers

3 = Politik ausführlich thematisiert – es werden umfangreiche Informationen zu politischen Entwicklungen wiedergegeben; der Politiker wird damit auch in

seiner offiziellen gezeigt und positioniert; in den Artikel finden sich Politisches und Privates entweder in gleichem Umfang wieder oder das Politische überwiegt sogar das Private

---

Bebilderung

V31: Anzahl der Fotos

Zu notieren ist, wie viele Fotos die Homestory als gesamte Magazinstrecke beinhaltet; dazu gehören alle Bilder, ganz gleich ob sie einen privaten oder einen offiziellen Kontext abbilden. Auch kleine Porträtfotos, beispielsweise „Talking Heads", die mit einem Zitat versehen sind, gelten als relevant. Karikaturen, Malereien oder sonstige grafische Elemente sind dabei aber nicht einzubeziehen.

V32: Anzahl der Privatfotos

Zu notieren ist, wie viele Fotos mit privaten Kontext die Homestory als gesamte Magazinstrecke enthält. Als „privates Foto" sind dabei Bilder zu werten, die einen privaten Ort zeigen oder (mindestens) eine Person aus dem Privatleben des Politikers. Ebenso sind Bilder, die den Politiker bei einer privaten Tätigkeit, beispielsweise bei der Ausübung seines Hobbies zeigen, als „private Fotos" zu werten.

Leitfragen zur qualitativen Untersuchung

Vorbemerkung

An jede Homestory sind mehrere Fragen zu stellen, die sich v.a. mit Rollenbildern und Wertungen befassen, die in dem Artikel wieder gegeben werden. Außerdem ist zu fragen, inwiefern Anzeichen für eine Imagebildung über die Inszenierung des Privatlebens zu erkennen sind. Nach einzelnen Oberbegriffen geordnet, lauten die Fragen wie folgt:

Kontroll- und Kritikfunktion der Medien

- Welches Maß an Kritik oder Affirmation findet sich in den Homestories?
- Lassen sich insbesondere Anzeichen einer „Hofberichterstattung" erkennen?

Symbiose oder Instrumentalisierung

- Wird Auskunft gegeben, wie der jeweilige Politiker die Berichterstattung über das Privatleben beurteilt oder warum er sie zulässt?
- Was lässt sich über das Verhältnis zwischen Journalisten und Politiker aus den Berichten herauslesen? Wird im Text deutlich, wie kooperativ oder widerwillig ein Politiker bei den Homestories „mitspielt"?

Rollenverständnis und Kompetenzen

- In welchen Rollen treten Politiker in den Artikeln auf? Wie ist das Verhältnis zwischen Amtsperson und Privatperson?
- Werden Rückschlüsse bzw. Bedeutungsübertragungen von der privaten auf die politische Ebene vorgenommen?

Wertorientierte Inszenierung und Imagebildung

- Welche Schlüsselbegriffe oder Stilmittel finden sich in den Berichten?
- Welche Werte werden in den Artikeln betont bzw. dem Privatleben der Politiker zugeschrieben?

Anhang II

Quellennachweise zum Untersuchungsmaterial

Untersuchungsmaterial aus dem Stern

Nr.1)	„Erhards letzte Atempause". In: Stern 16,33 (1963), S.12ff. [Ludwig Erhard]
Nr.2)	„Die Frau an seiner Seite". In: Stern 20,5 (1967), S.35ff. [Franz Josef Strauß]
Nr.3)	„Natürlich will ich Bundeskanzler werden". In: Stern 21,9 (1968), S.72ff. [Ralf Dahrendorf]
Nr.4)	„Bei Scheels zu Hause". In: Stern 27,51 (1974), S.54ff. [Walter Scheel]
Nr.5)	„Die Brandts". In: Stern 27,52 (1974), S.44ff. [Willy Brandt]
Nr.6)	„Wie aus Ulli plötzlich Ullrich wurde". In: Stern 31,46 (1978), S.252. [Hans-Ullrich Klose]
Nr.7)	„Ich wäre ein guter Regierungschef". In: Stern 33,25 (1980), S.202ff. [Ezer Weizman]
Nr.8)	„Eine Frau für alle Fälle". In: Stern 34,20 (1981), S.34ff. [Gro Harlem Brundtland]
Nr.9)	„Mein Sozi für die Zukunft". In: Stern 35,29 (1982), S.54ff.

	[Oskar Lafontaine]
Nr.10)	„Ein Mann – eine Linie". In: Stern 35,38 (1982), S.30ff.
	[Alfred Dregger]
Nr.11)	„Das Küchenkabinett im Hause des Heiner G." In: Stern 36,7
	(1983), S.18ff.
	[Heiner Geißler]
Nr.12)	„Der Mann, der wiederkommt". In: Stern 39,12 (1986), S.70f.
	[Kurt Biedenkopf]
Nr.13)	„Der ist noch ganz schön fit". In: Stern 40,13 (1987), S.92ff.
	[Monika Hohlmeier, geb. Strauß]
Nr.14)	„Mein Ego ist mein Doping". In: Stern 40,15 (1987), S.296f.
	[Joschka Fischer]
Nr.15)	„Der Schrittmacher". In: Stern 41,22 (1988), S.20ff.
	[Heiner Geißler]
Nr.16)	„Lasst doch den Steffen mal ran!". In: Stern 41,47 (1988), S.110f.
	[Steffen Huck, Eric Wilhelm, Wolf Dietrich Biermann, Matthias
	Lange]
Nr.17)	„Der Aufstieg des Messknaben". In: Stern 41,48 (1988), S.294f.
Nr.18)	„Nun ist man halt Regierender". In: Stern 42,25 (1989), S.168f.
	[Walter Momper]
Nr.19)	„Der letzte DDR-Bürger". In: Stern 44,34 (1991), S.36ff.
	[Hans Modrow]
Nr.20)	„Hier gommt Gurt". In: Stern 44,41 (1991), S.54ff.
	[Kurt Biedenkopf]
Nr.21)	„Frisch, fromm, fröhlich, schwarz". In: Stern 46,22 (1993), S.208ff.
	[Monika Hohlmeier]
Nr.22)	„Der Primus". In: Stern 46,18 (1993), S.146ff.
	[Lambert Mohr, Hans-Otto Wilhelm]
Nr.23)	„Schaffe, schaffe, Wahlsieg baue". In: Stern 47,40 (1994), S.58ff.
	[Klaus Kinkel]

Nr.24)	„Mit Charme und Biß". In: Stern 47,10 (1994), S.80ff.
	[Gerhard Schröder]
Nr.25)	„Die Nummer eins im Küchenkabinett". In: Stern 47,29 (1994), S.92ff.
	[Rudolf Scharping]
Nr.26)	„Meine Ziele habe ich zu Hause gelassen". In: Stern 47,41 (1994), S.196ff.
	[Stefan Heym, Wolfgang Thierse]
Nr.27)	„Der Naive von rechts". In: Stern 48,3 (1995), S.99ff.
	[Alexander von Stahl]
Nr.28)	„Die Spitzenfrau". In: Stern 48,43 (1995), S.194ff.
	[Ingrid Stahmer]
Nr.29)	„Der Heringskönig". In: Stern 48,30 (1995), S.108ff.
	[Gerhard Schröder]
Nr.30)	„Ein Kanzler im Rollstuhl? – Ich habe da sehr große Bedenken". In: Stern 51, (1998), S.28ff.
	[Wolfgang Schäuble]
Nr.31)	„Zu 90 Prozent orgasmusfähig". In: Stern 51,39 (1998), S.370ff.
	[Norbert/Michaela Lindner]
Nr.32)	„Besuch bei einem Deserteur". In: Stern 52,42 (1999), S.200ff.
	[Oskar Lafontaine]
Nr.33)	„Es ist Zeit, der nächsten Generation eine Chance zu geben". In: Stern 52,7 (1999), S.76ff.
	[Theo Waigel]
Nr.34)	„... und ich kandidiere trotzdem". In: Stern 52,21 (1999), S.36ff.
	[Johannes Rau]
Nr.35)	„Politik macht mir immer noch Spaß". In: Stern 53,40 (2000), S.66ff.
	[Wolfgang Schäuble]
Nr.36)	„Ich lebe aus einem Koffer in Berlin". In: Stern 54,17 (2001),

	S.176ff.
	[Sebastian Edathy, Brunhilde Irber, Axel Fischer, Christine Scheel, Thea Dückert, Ingrid Fischbach]
Nr.37)	„Blüm rechnet ab". In: Stern 54,16 (2001), S.64ff. [Norbert Blüm]
Nr.38)	„Noch mal in den Arm nehmen". In: Stern 54,20 (2001), S.252ff. [Cem Özdemir; Gerhard Schröder; Peter Ramsauer; Dirk Niebel; Wolfgang Bosbach; Roland Claus]
Nr.39)	„Noch ein Kanzlerkandidat". In: Stern 55,20 (2002), S.66f. [Guido Westerwelle]
Nr.40)	„Barackenkind im Schloss Bellevue". In: Stern 57,22 (2004), S.42ff. [Horst Köhler]
Nr.41)	„Freundlich blinzelt der Maulwurf". In: Stern 60,5 (2007), S.32ff. [Günther Beckstein]
Nr.42)	„Der Hamburger Michael". In: Stern 60,12 (2007), S.46ff. [Michael Naumann]
Nr.43)	„Kann ein Schwuler Kanzler werden?" – „Ich glaube, das wäre möglich". In: Stern 60,39 (2007), S.30ff. [Klaus Wowereit]

Untersuchungsmaterial aus der Bunten

Nr.1)	„Das Schicksal hielt den Hobel an". In: Bunte 10,4 (1957), S.46f. [Thomas Wimmer]
Nr.2)	„Daheim ist meine Frau Ministerin". In: Bunte 10,14 (197), S.46f. [Fritz Schäffer]
Nr.3)	„Meine Frau, die Stadträtin". In: Bunte 10,17 (1957), S.38f. [Gerhard Schröder]

Nr.4)	„Ein Leben für die Arbeit". In: Bunte 10,28 (1957), S.46f. [Anton Storch]
Nr.5)	„Mit einem Bein in Berlin". In: Bunte 10,31 (1957), S.38f. [Jakob Kaiser]
Nr.6)	„Daheim ist aller Streit vergessen". In: Bunte 10,34 (1957), S.2ff. [Konrad Adenauer, Erich Ollenhauer]
Nr.7)	„Der ewig junge Alte von Rhöndorf". In: Bunte 10,37 (1957), S.46f. [Konrad Adenauer]
Nr.8)	„Der Optimist vom Venusberg". In: Bunte 11,1 (1958), S.38f. [Ludwig Erhard]
Nr.9)	„Stadtvater an Elbe und Alster". In: Bunte 11,4 (1958), S.38f. [Max Brauer]
Nr.10)	„Redeschlacht im Parlament". In: Bunte 11,8 (1958), S.2ff. [Dehler, Gustav Heinemann]
Nr.11)	„Stille Stunden nach lauten Debatten". In: Bunte 11,15 (1958), S.38f. [Franz Josef Strauß]
Nr.12)	„Insulaner aus Leidenschaft". In: Bunte 11,23 (1958), S.46f. [Willy Brandt]
Nr.13)	„Die Kunst, den Urlaub zu genießen". In: Bunte 12,18 (1959), S.46f. [Konrad Adenauer]
Nr.14)	„Schichtwechsel in Bonn". In: Bunte 16,40 (1963), S.50ff. [Konrad Adenauer]
Nr.15)	„Beim Kanzler zu Gast". In: Bunte 18,3 (1965), S.32ff. [Ludwig Erhard]
Nr.16)	„Mit zehn Kindern ins Weiße Haus". In: Bunte 21,16 (1968), S.40ff. [Robert Kennedy]

Nr.17)	„Das Duell der schwarz-roten Brüder". In: Bunte 24,18 (1971), S.38ff. [Rainer Harms, Berend Harms]
Nr.18)	„Die Politik ist immer dabei". In: Bunte 24,29 (1971), S.10f. [Willy Brandt]
Nr.19)	„Der Kanzler tankt Kraft für ein schweres Jahr". In: Bunte 25,4 (1972), S.12ff. [Willy Brandt]
Nr.20)	„Willy Brandt sammelt Kraft für schwere Stunden". In: Bunte 25,33 (1972), S.12ff. [Willy Brandt]
Nr.21)	„Willy Brandt vom Frühstück bis nach Mitternacht". In: Bunte 26,52 (1973), S.28ff.
Nr.22)	„Ein Mann mit Witz und Würde". In: Bunte 27,3 (1974), S.22ff. [Walter Scheel]
Nr.23)	„Der gemütliche Bulle". In: Bunte 27,9 (1974), S.32ff. [Hans-Dietrich Genscher]
Nr.24)	„Auf diese Familie sieht die Welt". In: Bunte 27,35 (1974), S.34ff. [Gerald Ford]
Nr.25)	„Der glückliche Sommer der Kennedys". In: Bunte 27,37 (1974), S.16ff. [Ted Kennedy]
Nr.26)	„Mit frischer Kraft ins höchste Amt". In: Bunte 27,39 (1974), S.22ff. [Walter Scheel]
Nr.27)	„Wenn i wos z`sogn hätt`, mei lieba Präsident ...". In: Bunte 29,24 (1976), S.52ff. [Walter Scheel]
Nr.28)	„Aus dem Familienalbum eines (künftigen) Landesvaters". In:

	Bunte 31,42 (1978), S.70ff.
	[Franz Josef Strauß]
Nr.29)	„Genscher, Schmidt und Strauß ist er nicht ganz grün". In: Bunte 32,32 (1979), S.86ff.
	[Baldur Springmann]
Nr.30)	„Ein Mann für alle Fälle". In: Bunte 34,48 (1981), S.104ff.
	[Hans-Dietrich Genscher]
Nr.31)	„Ein neuer Präsident mit Stacheln". In: Bunte 34,26 (1981), S.76ff.
	[Francois Mitterand]
Nr.32)	„Mein Mann ist Chef in Bonn". In: Bunte 35,45 (1982), S.46ff. [Helmut Kohl, Werner Dollinger, Rainer Barzel, Gerhard Stoltenberg, Josef Ertl, Hans-Dietrich Genscher, Heinz Riesenhuber, Friedrich Zimmermann, Oscar Schneider, Christian Schwarz-Schilling, Jürgen Warnke, Otto Graf Lambsdorff, Hans Engelhard, Heiner Geißler]
Nr.33)	„Strauß-Tochter Monika verlässt das Nest". In: Bunte 35,41 (1982), S.62ff.
	[Monika Hohlmeier]
Nr.34)	„Prost Wahlzeit!". In: Bunte 36,3 (1983), S.46ff.
	[Hans-Jochen Vogel, Bernhard Vogel]
Nr.35)	„Der kühle Blonde läuft heiß". In: Bunte 37,17 (1984), S.38ff.
	[Gerhard Stoltenberg]
Nr.36)	„Mama Maggie ist die Beste". In: Bunte 37,24 (1984), S.66f.
	[Maggie Thatcher]
Nr.37)	„Nichts geht mehr ohne Monika". In: Bunte 37,37 (1984), S.60ff.
	[Monika Hohlmeier]
Nr.38)	„Vogel, wie ihn keiner kennt". In: Bunte 37,41 (1984), S.88ff.
	[Hans-Jochen Vogel]
Nr.39)	„Genosse Johannes: Rau, aber herzlich". In: Bunte 38,32 (1985),

	S.92ff.
	[Johannes Rau]
Nr.40)	„Der nette Mensch vom Wolfgangsee". In: Bunte 39,34 (1986), S.30ff.
	[Helmut Kohl]
Nr.41)	„Der Mann hinter Kohl". In: Bunte 39,50 (1986), S.150ff.
	[Wolfgang Schäuble]
Nr.42)	„Wo Hannelore Kohl regiert". In: Bunte 40,1 (1987), S.108ff.
	[Helmut Kohl]
Nr.43)	„Keine Schonzeit mehr für Barschel". In: Bunte 40,33 (1987), S.34ff.
	[Uwe Barschel]
Nr.44)	„Ein Witwer muss nicht ewig weinen". In: Bunte 41,2 (1988), S.18ff.
	[Walter Scheel]
Nr.45)	„Oskars Frau". In: Bunte 41,12 (1988), S.32ff.
	[Oskar Lafontaine]
Nr.46)	„Der Mann, auf den Frau Süssmuth hört". In: Bunte 41,17 (1988), S.154ff.
	[Rita Süssmuth]
Nr.47)	„Es klappte nicht mit Genscher und mir". In: Bunte 41,37 (1988), S.126f. [Irmgard Adam-Schwaetzer]
Nr.48)	„Ich lebe ohne Plastik und Treibgas". In: Bunte 41,39 (1988), S.145ff.
	[Klaus Töpfer]
Nr.49)	„Mein Leben". In: Bunte 42,7 (1989), S.30ff.
	[Franz Schönhuber]
Nr.50)	„Gemütlich hinter Panzerglas". In: Bunte 42,11 (1989), S.48ff.
	[Friedrich Zimmermann]
Nr.51)	„Diese Modrows". In: Bunte 43,4 (1990), S.27ff.

	[Hans Modrow]
Nr.52)	„Kandidat mit Ehekandidatin in der Sonne". In: Bunte 43,9 (1990), S.130ff.
	[Oskar Lafontaine]
Nr. 53)	„Haben wir alle ein Recht auf Faulheit?". In: Bunte 44,1 (1991), S.16.
	[Oskar Lafontaine]
Nr. 54)	„Der Kotzbrocken". In: Bunte 44,42 (1991), S.38ff.
	[Gerhard Frey]
Nr. 55)	„Ich bin ein Südfranzose". In: Bunte 45,17 (1992), S.17.
	[Willy Brandt]
Nr. 56)	„Frau Schwaetzer: Zu viel falsche Männer in der Nacht des Falls". In: Bunte 45,20 (1992), S.20ff.
	[Irmgard Adam-Schwaetzer]
Nr. 57)	„Manchmal hilft nur Instinkt". In: Bunte 46,13 (1993), S.46ff.
	[Hans-Dietrich Genscher]
Nr. 58)	„Heimat-Urlaub in den Dünen". In Bunte 46,32 (1993), S.22ff.
	[Volker Rühe]
Nr. 59)	„Herr Seiters, war es falsch zurückzutreten?". In: Bunte 46,33 (1993), S.24ff.
	[Rudolf Seiters]
Nr. 60)	„Bei Heitmann zu Hause". In: Bunte 46,43 (1993), S.12.ff.
	[Steffen Heitmann]
Nr. 61)	„Schäuble – die Wirklichkeit". In: Bunte 47,5 (1994), S.10ff.
	[Wolfgang Schäuble]
Nr. 62)	„Kinkels Kampf mit dem Flieder". In: Bunte 47,22 (1994), S.50.
	[Klaus Kinkel]
Nr. 63)	„Das hätten Sie nicht von Frau Herzog gedacht". In: Bunte 47,23 (1994), S.28ff.
	[Roman Herzog]

Nr. 64)	„Au fein, unser Opa ist Bundespräsident". In: Bunte 47,29 (1994), S.34ff. [Roman Herzog]
Nr. 65)	„Frau Schwaetzer nach Heulkampf zurück in der Kuschelhöhle". In: 47,47 Bunte (1994), S.48f. [Irmgard Adam-Schwaetzer]
Nr. 66)	„7.30 Uhr, Deutschland steht auf". In: Bunte 48,8 (1995), S.12ff. [Roman Herzog]
Nr. 67)	„Herr Rühe, was werden Sie seiner Familie sagen, wenn der 1. deutsche Soldat im Sarg zurückkommt?". In: Bunte 48,33 (1995), S.102ff. [Volker Rühe]
Nr. 68)	„Oh happy day". In: Bunte 48,34 (1995), S.34ff. [Wolfgang Schäuble]
Nr. 69)	„Kinkel wird Mensch". In: Bunte 48,39 (1995), S.103ff. [Klaus Kinkel]
Nr. 70)	„Das Essen der Besserverdienenden". In: Bunte 49,8 (1996), S.82f. [Wolfgang Gerhardt]
Nr. 71)	„Wirtshaus zur roten Renate". In: Bunte 49,12 (1996), S.88f. [Renate Schmidt]
Nr. 72)	„Eiserne Liebe". In: Bunte 49,21 (1996), S.22ff. [Wolfgang Schäuble]
Nr. 73)	„Kennen Sie Minister Spanger?" In: Bunte 50,16 (1997), S.52ff. [Carl-Dieter Spanger]
Nr. 74)	„Der Mann, der zu Hause 6 Frauen hat". In: Bunte 50,33 (1997), S.28ff. [Wolfgang Clement]
Nr. 75)	„Herr Wulff, haben Sie heute schon mit dem Kanzler telefoniert?". In: Bunte 50,37 (1997), S.37f.

	[Christian Wulff]
Nr. 76)	„Deutschland, bitte mehr lächeln!". In: Bunte 51,7 (1998), S.54ff.
	[Günter Rexrodt]
Nr. 77)	„Wenn er nicht gewinnt, wird er schon mal sauer". In: Bunte 51,37 (1998), S.30ff.
	[Gerhard Schröder]
Nr. 78)	„Ich habe noch nie an einem Sessel geklebt". In Bunte 51,40 (1998), S.30ff.
	[Theo Waigel]
Nr. 79)	„Die neue Regierungsbank". In: Bunte 52,1 (1999), S.16ff.
	[Gerhard Schröder]
Nr. 80)	„Roland, der Meister-Koch". In: Bunte 52,8 (1999), S.42ff.
	[Roland Koch]
Nr. 81)	„Präsident der guten Laune". In: Bunte 52,27 (1999), S.50ff.
	[Walter Scheel]
Nr. 82)	„Olé, die Schröders!". In: Bunte 53,33 (2000), S.16ff.
	[Gerhard Schröder]
Nr. 83)	„Ein General für alle Fälle". In: Bunte 53,33 (2000), S.44ff.
	[Guido Westerwelle]
Nr. 84)	„Wie geht's, Frau Scharping?". In: Bunte 53,37 (2000), S.36ff.
	[Rudolf Scharping]
Nr. 85)	„Das Küchen-Kabinett". In: Bunte 53,45 (2000), S.48ff.
	[Rudolf Scharping]
Nr. 86)	„Ja, wir heiraten auch in der Kirche". In: Bunte 54,26 (2001), S.46ff.
	[Roman Herzog]
Nr. 87)	„Guido sein Mallorca". In: Bunte 54,32 (2001), S.96ff.
	[Guido Westerwelle]
Nr. 88)	„Und jetzt wird geheiratet". In: Bunte 54,35 (2001), S.34

	[Rudolf Scharping]
Nr. 89)	„Ritter Rezzos Reich". In: Bunte 54,35 (2001), S.96ff.
	[Rezzo Schlauch]
Nr. 90)	„Der Minister ging in Akten baden". In: Bunte 55,16 (2002), S.54ff.
	[Rudolf Scharping]
Nr. 91)	„Kandidat im Urlaub". In: Bunte 55,23 (2002), S.90f.
	[Edmund Stoiber]
Nr. 92)	„Unsere Liebe wächst täglich ...". In: Bunte 55,31 (2002), S.80f.
	[Theo Waigel]
Nr. 93)	„Im Garten der Kanzlerin". In: Bunte 55,33 (2002), S.42ff.
	[Gerhard Schröder]
Nr. 94)	„Zwischen Macht und Liebe". In: Bunte 55,36 (2002), S.34ff.
	[Rudolf Scharping]
Nr. 95)	„Hier wohnt der Kanzlermacher". In: Bunte 55,37 (2002), S.88ff.
	[Guido Westerwelle]
Nr. 96)	„Nicht ohne meine Töchter". In: Bunte 55,43 (2002), S.94ff.
	[Wolfgang Clement]
Nr. 97)	„Hier wohnt Familie Wulff zur Miete". In: Bunte 56,3 (2003), S.28f.
	[Christian Wulff]
Nr. 98)	„Hier wohnt Gabriel und Freundin – klein, aber sein". In: Bunte 56,3 (2003), S.30f.
	[Sigmar Gabriel]
Nr. 99)	„Er sagt noch immer: ‚Ich liebe dich'". In: Bunte 56,28 (2003), S.52ff.
	[Edmund Stoiber]
Nr. 100)	„Das Geheimnis des Glücks". In: Bunte 56,30 (2003), S.50ff.
	[Roman Herzog]
Nr. 101)	„Wenn Mama Ministerin ist". In: Bunte 56,35 (2003), S.92f.

	[Monika Hohlmeier]
Nr. 102)	„Wuff! Ich bin Holly, der Kanzlerhund". In: Bunte 56,37 (2003), S.20ff.
	[Gerhard Schröder]
Nr. 103)	„Hier kocht der Chef". In: Bunte 57,1 (2004), S.52f.
	[Roland Koch]
Nr. 104)	„Eine starke Frau tischt auf ...". In: Bunte 57,3 (2004), S.82f.
	[Wolfgang Clement]
Nr. 105)	„Diese Frau will noch mehr Glück". In: Bunte 57,17 (2004), S.66ff.
	[Silvana Koch-Mehrin]
Nr. 106)	„Die sanfte Seite des jungen Wilden". In: Bunte 57,18 (2004), S.60ff.
	[Heiko Maas]
Nr. 107)	„Ein Leben voller Glück und Leid". In: Bunte 57,20 (2004), S.48f.
	[Dagmar Wöhrl]
Nr. 108)	„Sein Wille ist stärker als sein Herz". In: Bunte 57,22 (2004), S.59ff.
	[Wolfgang Bosbach]
Nr. 109)	„Der Glückssucher". In: 57,26 (2004), S.56ff.
	[Peter Harry Carstensen]
Nr. 110)	„Gas geben – aber nicht abheben". In: Bunte 57,27 (2004), S.40f.
	[Dieter Althaus]
Nr. 111)	„So wohnt der König von Sachsen – heute". In: Bunte 57,39 (2004), S.62f.
	[Georg Milbradt]
Nr. 112)	„Papa an die Macht". In: Bunte 57,52 (2004), S.60ff.
	[Jürgen Rüttgers]
Nr. 113)	„Sie war sterbenskrank – doch keiner wusste es". In: Bunte 58,6

	(2005), S.56f. [Monika Hohlmeier]
Nr. 114)	„Hier sehen Sie, warum Opa Stoiber gern in München bleibt". In: Bunte 58,52 (2005), S.48ff. [Edmund Stoiber]
Nr. 115)	„Eine Familie im Glück". In: Bunte 59,3 (2006), S.44ff. [Günther Oettinger]
Nr. 116)	„Nur Katzenjammer bei Böhrs in Trier ...". In: Bunte 59,12 (2006), S.56ff. [Christoph Böhr]
Nr. 117)	„Zu Hause fühle ich mich am wohlsten". In: Bunte 59,31 (2006), S.42ff. [Jürgen Rüttgers]
Nr. 118)	„Die Lokomotive der CSU". In: Bunte 59,36 (2006), S.103ff. [Horst Seehofer]
Nr. 119)	„Was seiner Frau den Schlaf raubt". In: Bunte 59,40 (2006), S.66ff. [Michael Glos]
Nr. 120)	„Viele Spekulationen ...". In: Bunte 59,43 (2006), S.54. [Monika Hohlmeier]
Nr. 121)	„Kluger Schatten der Kanzlerin". In: Bunte 59,44 (2006), S.62ff. [Maria Böhmer]
Nr. 122)	„So fit wie lange nicht". In: Bunte 59,50 (2006), S.74f. [Hans-Dietrich Genscher]
Nr. 123)	„Lächeln ist ihre schärfste Waffe". In: Bunte 60, (2007), S.52ff. [Ursula von der Leyen]
Nr. 124)	„Eine Frau lernt zu kämpfen – für sich!". In: Bunte 60,32 (2007), S.96ff. [Günter Verheugen]
Nr. 125)	„Seine Frau macht ihn stark". In Bunte: 60,37 (2007), S.56ff.

	[Roland Koch]
Nr. 126)	„Ohne meine Familie hätte ich es nicht geschafft". In: Bunte 60,50 (2007), S.74ff.
	[Wolfgang Schäuble]